天

Borderless

下

博稽古今 融汇天下

天
Borderless
下

博观

Lawyers and Litigants in Ancient Athens

The Genesis of the Legal Profession

法律职业的起源

古代雅典的律师和诉讼当事人

[美]罗伯特·J. 伯纳 著
杨天江 译

法律出版社 LAW PRESS · CHINA
北京

图书在版编目(CIP)数据

法律职业的起源：古代雅典的律师和诉讼当事人 /（美）罗伯特·J. 伯纳著；杨天江译. -- 北京：法律出版社，2024（2024.9 重印）

书名原文：Lawyers and Litigants in Ancient Athens:The Genesis of the Legal Profession

ISBN 978-7-5197-9006-6

Ⅰ. ①法… Ⅱ. ①罗… ②杨… Ⅲ. ①法律-职业-研究-古希腊 Ⅳ. ①D954.59

中国国家版本馆 CIP 数据核字（2024）第 072597 号

法律职业的起源：古代雅典的律师和诉讼当事人
FALÜ ZHIYE DE QIYUAN:GUDAI YADIAN DE LÜSHI HE SUSONG DANGSHIREN

[美]罗伯特·J. 伯纳 著
杨天江 译

责任编辑 韩满春
装帧设计 贾丹丹

出版发行 法律出版社
编辑统筹 学术·对外出版分社
责任校对 张翼羽
责任印制 胡晓雅　宋万春
经　　销 新华书店

开本 A5
印张 8.375　**字数** 184 千
版本 2024 年 6 月第 1 版
印次 2024 年 9 月第 2 次印刷
印刷 北京中科印刷有限公司

地址：北京市丰台区莲花池西里 7 号(100073)
网址：www.lawpress.com.cn
投稿邮箱：info@lawpress.com.cn
举报盗版邮箱：jbwq@lawpress.com.cn

销售电话：010-83938349
客服电话：010-83938350
咨询电话：010-63939796

书号：ISBN 978-7-5197-9006-6
定价：58.00 元
凡购买本社图书，如有印装错误，我社负责退换。电话：010-83938349

作者简介

罗伯特·J. 伯纳 Robert J. Bonner，1868~1946

芝加哥大学教授，古典学家和法史学家，曾任古希腊语系主任，在古希腊语教学和古希腊法律研究领域均有精深造诣。著述颇丰，不仅有古典语文学的作品出版，还著有《法律职业的起源：古代雅典的律师和诉讼当事人》《从荷马到亚里士多德时代的司法》和《雅典民主制的面向》等开拓性作品。他和一众弟子享有“伯纳古希腊法学派”的美誉。

译者简介

杨天江

男，河南信阳人，九三学社社员，西南政法大学副教授，法学博士，法学理论专业硕士研究生导师，行政法学院法哲学编译研究中心主任，中国法律史学会西方法律思想史专业委员会常委理事，主要研究领域为自然法理论，特别致力于托马斯主义自然法思想研究，代表性译著有《论法律》《读懂法理学》《在自由与自然之间：晚期经院主义思想中的个人权利》等。

没有训练有素的法律职业群体,一个文明的法律体系就无法得到维持。

——弗雷德里克·波洛克爵士

目录

导　言

主权在民(popular sovereignty),这在任何地方都没有像在古代雅典那样在实践中获得彻底的实现。那时至高无上的人民并非仅仅偶尔行使他们手中的权力,他们实际上一直掌握着它。公民大会(national assembly)由全体公民组成,人们在大会上辩论并决定所有公共政策问题。政体的立法、执法和司法职能由各个委员会行使,而这些委员会的成员则通过抽签的方式从公民中产生。因此,人们在每个案件中都按照他们认为合适的方式解释和适用法律,他们实际上掌握着司法权。没有哪个法官会援引那些麻烦的先例以阻挠民意(popular will)。从理论上来说,今天作出的司法判决可能在明天的一个类似案件中遭到推翻。

雅典人总是嫉妒专家,这在民主制下一贯如此,他们甚至试图阻止法律职业的兴起和发展。法律要求每个人在法庭上为自己辩护，而且允许任何人控告公犯（public offender）。那时没有任何官方的公诉人（public prosecutors）。法律当然没有禁止一个公民在法庭上替另一个公民辩护，但禁止为这种服务收费。然而，法律也没有禁止一个诉讼当事人背诵一份由专家代笔的演说词。这样的禁令可能是徒劳的。试图在司法过程中阻止职业化（professionalism）的做法很难成功。不管怎样，有大量的公民［他们是职业起诉人（讼棍）、演说撰稿人和辩护人］几乎全身心地投入控告违法犯罪者和协助诉讼的活动之中，他们为社会提供的服务类似于那些现代律师提供的服务，并且有资格被视为职业律师。这些人是一个既古老而又重要的职业的最初代表；但无论是在法学家那里，还是在历史学家那里，他们都没有获得应有的关注。只有少量研究专门论及雅典的法律职业，其中以下研究至关重要：福赛斯（Forsythe）的《辩护人霍尔腾西乌斯：辩护人职责历史论集》（*Hortensius, or the Advocate*, 1849）是“一部关于希腊、罗马、法国和英国辩护人职责和功能的历史素描”。这部作品面面俱到，留给雅典法律职业的篇幅相对较少。埃热（Egger）的《雅典人是否已经熟悉律师职业》（*Si les Athéniens ont connu la profession d'avocat*, 1860）则是一篇在法兰西美文学术院（L'Académie des belles-lettres）宣读的启发性论文。卡尔霍恩（Calhoun）的《雅典的政治和诉讼社团》（*Athenian Clubs in Politics and Litigation*, 1913）是一部针对这些迄今为止都鲜为人知的团体的政治和诉讼活动的比较研究的著作。洛夫伯格（Lofberg）所著的《雅典的诬告》（*Sycophancy in Athens*, 1917）对职业控告人进行了详细的研究。德雷鲁普

(Drerup)的《来自一个古老的律师国度》(*Aus einer alten Advocatenrepublik*,1916)所讨论的则几乎全是雅典的法律职业中的政治活动。

我在以下内容中试图提出一种关于雅典律师的阐述,它比福赛斯的综合性论著更加详细,而又比洛夫伯格和卡尔霍恩的专题研究更加概括。

在"阿提卡演说家"这一章,我强调了雅典律师工作的职业性而非文学性的方面。他们中的有些人对阿提卡的散文风格影响巨大,但是这些情况在那些人们容易接触到的著作当中已经得到了充分的和十分清楚的研究。[1] 就我的目标来说,把自己的注意力限定在他们作为律师的品质以及那些对公共事务感兴趣的人的政治活动和影响之上似乎更好。

如果没有一些法庭组织及法律惯例和程序的知识,就无法准确地理解和评价雅典律师的职业活动。这是一些有些技术化的事项,它们会在开头的两个短章里得到处理。我尽量使用英语法律术语去翻译阿提卡法律的专业词汇。这些对应词并非总是精确,但是使用读者多少有些熟悉的词汇的优势如此巨大以至于人们或许甘冒失掉精确性的风险,这种精确性或许可以通过遵循欧洲大陆学者的惯例使用一个外来词来获取。有时候直译过来的希腊词更加可取。例如,称雅典法庭的成员为"dicasts"(陪审官),并对他们的职能作出解释,会比使用"jurors"(陪审员)一词并附带一个关于其与"dicasts"的区别的解释更加合适。为了简洁,人们往往经不起诱惑,想在一些地

---

〔1〕 Dobson,*The Greek Orators*;Jebb,*Attic Orators from Antiphon to Isaeus*;Blass,*Attische Beredsamkeit*;Navarre,*Essai sur la Rhétorique Grecque avant Aristote*.

方使用不加限定的陈述,而严格的精确性却要求保留、限定或解释。唯愿我没有过多地屈服于这种诱惑。

"审判人员"和"惯例和程序"两章的材料主要采自一些权威著作,例如,怀斯(Wyse)撰写并收录于惠布利(Whibley)主编的《古希腊研究指南》(*Companion to Greek Studies*)中讨论"法律"的一节,吉尔伯特(Gilbert)的《希腊的国家古制》(*Griechische Staatsalterthuemer*)[引自布鲁克斯(Brooks)和尼克林(Nicklin)的英译本],以及利普西乌斯(Lipsius)的《阿提卡法律》(*Das Attische Recht*)。对与这些著作的观点相左的那些观点的证明,我援引的则是自己已经发表的作品,以及现在还在这个领域耕耘的我以前的学生的作品,他们分别是加利福尼亚大学的卡尔霍恩博士(Dr. G. M. Calhoun)、华盛顿与李大学的洛夫伯格博士(Dr. J. O. Lofberg)、多伦多大学的罗伯逊博士(Dr. H. G. Robertson)和芝加哥大学的格特鲁德·史密斯博士(Dr. Gertrude Smith)。

因为相信雅典人是自己制度的最佳阐释者,我毫无负担地援引当时的演说家和其他同时代的作家的作品。[2] 在可以找到相互冲突的观点的地方,我同时给出了两者,为的是让读者可以形成自己的意见。然而不幸的是,在讨论民主及其制度设置的地方,对它的控诉超过了为之辩护。这是自然而然的事情。对民主的实际问题感兴趣的人,通常既没有意愿也没有能

---

〔2〕 这里使用的是以下版本:Aeschines(Adams, Loeb Classical Library);Aristophanes(translations are either based upon, or quoted from, Rogers);Aristotle, *Polity of the Athenians* (Kenyon), *Politics* (Jowett), *Rhetoric*(anonymous);Demosthenes(Kennedy);Plato(Jowett);Plutarch, *Lives* (Clough, Everymans Library);Thucydides(Smith, Loeb Classical Library, and Jowett);Xenophon(Dakyns)。

力应付那些空谈的批评家。我们不可能期待有许多像伯里克利(Pericles)那样的有教养的人去声援民主制的事业,或者像修昔底德(Thucydides)那样的伟大的作家去记述他们。[3]

在讨论像"雅典法庭的特征"和"雅典人的好讼性"这些主题时,我努力做到既不夸大雅典司法制度的优点也不掩饰它的缺陷。在详细说明雅典的制度与我们的制度之间的差异时,我的目的不是去赞扬或谴责,而是促进人们对一个不为人熟悉的制度的理解。对一个古代的体制进行公正的评判实属不易。判断政体优良与否的标准是相对的,而不是绝对的。在评估雅典人在塑造一个令人满意的司法制度的过程中所取得的成就时,不仅应与这个领域的现代形态还应与其邻邦以及它自身的早期实践进行比较。

对于最大的现代民主国家来说,最为著名的古代民主国家的司法经验有何教益,我把这个问题留给读者回答。无疑陪审团审判的支持者和反对者两方都会为自己一方的观点找到支撑。

本书主要为两类人而作:一类是渴望熟悉雅典公共生活中这一重要而又迷人方面的读者,另一类是对自己所从事的职业的历史感兴趣的律师。但是,那些学习雅典人法庭演说的学生的需求也没有被忽视。事实上,许多年以来"审判人员"、"惯例和程序"和"法庭演说"这几章的写作材料在我的"阅读阿提卡演说家"课程中都已经被使用过了。

---

〔3〕 修昔底德在《伯罗奔尼撒战争史》第2卷第35节以下记述了伯里克利的演说,它发生在伯罗奔尼撒战争(公元前431—前404年)第一年阵亡将士的葬礼上。这篇演说词是雅典民主制的一曲颂歌。

我在写作过程中获得了许多有益的建议，在这里非常感谢加利福尼亚大学的卡尔霍恩教授、华盛顿与李大学的洛夫伯格教授和我的同事格特鲁德·史密斯助理教授。

罗伯特·J. 伯纳
于芝加哥大学
1926年12月

第一章　阿提卡演说家

雅典人以其为率先确立常规法律程序的 1
民族自居，这是一个似乎连西塞罗（Cicero）也愿意承认的主张。雅典的司法过程主要由业余爱好者执掌。公元前 5 世纪和公元前 4 世纪，通过抽签选出的地方行政官（magistrates）掌握着预审，并主持民众法庭（popular courts）的审判。每个诉讼当事人都应在亲朋好友所能提供的帮助下处理自己的案件，这个要求在一个全体公民均参加至高无上的公民大会进行的审议活动，并在所有公共问题上都可以向自己的公民同胞进行自由演说的共同体当中，并非那么不合理。在这种情况下，能够公开发表自己意见的公民所占的比例比现代社会要大得多。但是，大约公元前 5 世纪中叶，在修辞理论得到发展和系统教授之际，那些有意愿并有手段获取“说服技艺”（古希腊人所称的“雄辩术”）的人，在法庭上拥有一种碾压未受训练的对手的巨大优势。结果,专业的修辞学者开始为客户们撰写演说词,留待他们在法庭上自行背诵。这些演说撰稿人(speech-writers)的许多演说词都广为流传。一篇起效的演说词对于一个雄心勃勃的演说撰稿人来说不啻一份优质
2 的职业广告。我们现在知道姓名的演说家大约有 60 位,但实际上所有现存的演说词都被当作 10 个人的作品并传播开来,即所谓的"十演说家精品"(Cannon of the Ten Orators)或"十大演说家"(Decade of the Orators)。当时人们对这些演说的兴趣归功于它们作为诉讼当事人、律师和学习修辞的学生的模板所具有的实际价值。但是,因为它们为研究阿提卡散文风格的发展提供了材料,随后的学者和评论家开始钟情于这些演说词。而且也正因如此他们精选了十大有代表性的演说家进行研究。这份名单的最早记录是《十大演说家的生平》(*Lives of the Ten Orators*),它被错误地归到普鲁塔克(Plutarch)这位伟大的古代传记作家头上,并被归入他繁杂的作品之列。现在《十大演说家的生平》就作为托名普鲁塔克(Pseudo-Plutarch)的作品被人们援引。它们都是在 1 世纪撰写出来的,但那份名单很可能是公元前 2 世纪被一位身处帕加马(Pergamum)的学者草拟的,[1]那个地方是一个足以媲美著名的亚历山大(Alexandria)博物馆的学术中心。

这种挑选产生了一个直接后果,即挑选者几乎完全着眼于这些演说家,确保了他们作品的保存和传播。有一些古代的评论家,像公元前 1 世纪哈利卡那索斯的狄奥尼索斯(Dionysius of Halicarnassus),他们熟悉的演说家比我们现在掌握得更多,

---

〔1〕 Brzoska, *De Canone Oratorum Atticorum*.

但其中有很多甚至在当时就被认为是杜撰的。在德摩斯梯尼(Demosthenes)的作品集中,有大量被公认不属于德摩斯梯尼的演说,但是即使它们没有达到德摩斯梯尼所设定的文采斐然的标准,它们也是时代的产物和珍贵的文献。希佩里德斯(Hyperides)(演说家之一)的演说的兴衰异乎寻常地有趣。直 3
到19世纪中期,他的作品还只有少部分片段为人所知。人们一般推断,当布达佩斯的图书馆在1526年为土耳其人所毁时,他的一份著作的手稿就存在那里。在19世纪下半叶,有六篇完整程度不一的演说词出现在埃及人的莎草纸上。这些莎草纸出现于公元前2世纪,其中有一份即是某位经典作家现存的最早手稿。有一份草纸夹在一位经典作家的最早的现存手稿之中。

在文学评论家之外还有其他人也研究演说家,他们解释技术性问题和那些通常在古希腊-罗马世界不被理解的单词和短语。1世纪或2世纪,哈玻克拉奇翁(Harpocration)出版了一部《十大演说家的遗词造句》。还有一部文献是《波吕克斯(Pollux)词汇表》,它是按照主题安排的,其中的一个章节专用于法律术语。在经典作家的许多手稿的页边空白处出现了一些注释和评论,它们的来源已不存在或不可考。这是一些无名学者,我们异常感念他们的辛劳,可以将他们统称为训诂学者(scholiast)。这些古代的辞书编纂家、文法学家、训诂学者和手册编者,从亚里士多德(Aristotle)的《雅典政制》当中提取了相当可观的材料,而这部作品包含着对雅典司法制度及其历史极其珍贵的研究,但直到整部著作被从埃及追回并于1891年出版之前它仅以引用的形式为人所知。

古代的修辞学者把演说术分为三个主要的门类:赞咏 4
(epideictic)、庭议(deliberative)和诉讼(forensic)。庭议演说

术是在公民大会上对人民发表的。诉讼演说术是在法庭上发表的。因为它们都关乎统治的事务,所以这两种类型有时被归为政治演说术。罗马人用公民演说术(civil oratory)这个术语来指代这种类型。赞咏或夸饰演说术囊括了所有其他种类的演说术。它们当中最重要的是那些在节庆日或公共仪式上发表的演说,比如奥林匹克运动会和为那些在战场上阵亡的人举行的国葬等场合。所有种类的道德讨论都被囊括在内。归到这十位演说家头上的有 1700 多篇演说,它们在古代都是为人所知的,但是现存的却只有 130 篇。而且,其中有 105 篇属于诉讼演说。

阿提卡演说家因时代不同自然分为两组:第一组为德摩斯梯尼的先驱们(公元前 425—350 年),包括安提丰(Antiphon)、安多基德斯(Andocides)、吕西亚斯(Lysias)和伊索克拉底(Isocrates);第二组为德摩斯梯尼及其同代人(公元前 350—前 300 年),包括埃斯基涅斯(Aeschines)、吕库古(Lycurgus)、希佩里德斯和狄纳尔库斯(Dinarchus)。伊索克拉底活至 97 岁高龄,横跨了两个时代。

安提丰[2](公元前 480—前 411 年)是公元前 411 年颠覆民主制的众寡头之首。修昔底德说:

> 策划整个政变实施方案,并且殚精竭虑克服万难的人是安提丰。他是当时最能干的雅典人之一,也是一个业已证明自己最能构思计划和阐明演说结论的辩才;尽管他没

---

〔2〕 对安提丰审判的描述参见边码 244。就大多数演说家而言,只能给出大致的日期。

> 有在公民大会上发表演说，也不愿参加任何公开的角逐，
> 还因为他的狡黠而遭到民众的猜忌，但只要有人卷入法庭 5
> 或公民大会的角逐，向他征求建议，他都是最有帮助的那位。

当安提丰因发动四百人的颠覆行动而遭到叛国罪审判时，修昔底德提到了他的辩护的巧妙绝伦。

安提丰被誉为“政治风格的演说术的发明者和奠基者”。修昔底德的论断表明，他在政治演说术的庭议和诉讼两大分支都表现得积极活跃。而且，他不仅为自己的客户撰写演说词，也向他们提供建议。修昔底德在谈到当时反民主制密谋的进一步发展时说：“人民和议员仍然被召集起来，但是他们所讨论的事情无不是阴谋家所谋划的；不仅如此，这个党派的发言人和他们应当说什么都是阴谋家们事先想到的。”无疑安提丰在为寡头政治的演说家草拟和撰写演说稿时发挥了重要作用。至少有一个古代的评论家把这些庭议演说(deliberative speeches)归到他头上。而且，除此之外他也没有别的更好的机会去帮助那些“卷入公民大会争辩之中”的人们。

安提丰所有发表的演说都是诉讼性质的。巧合的是，他现存的演说都与杀人有关，它们由十二篇业务演说(practice speeches)构成，分为三组四联辞，有两篇可以划到任何一方，有三
篇则是为客户撰写的。在我们现在知道名称和片段的他的其 6
他十九篇演说当中，没有一篇与杀人有关。它们讨论形形色色的案件，但是有迹象表明在他的客户之中存在同情寡头政治的人。他们在法庭之上近乎系统性地攻击民主派政治家以诋毁民主制。这就可以解释修昔底德的判断：安提丰在很长一段时

间内致力于革命问题。政治阴谋家通过法庭指控的手段为自己的阴谋诡计扫清障碍,这并非难以理解。厄菲阿尔特(Ephialtes)就在公元前 462 年对战神山议事会(Areopagus)发动了攻击,导致的结果是这一古老的保守性委员会的政治权力和大部分司法职能被剥夺,而这个攻击则是以对单个战神山议事会法官(Areopagites)所进行的诸多攻击为先导的。公元前 411 年的革命明显遵循着同样的做法,而且安提丰为起诉人提供了演说稿。安提丰有一篇现存的演说稿是为一名被指控杀人的合唱团指挥(*choregus*)[3]进行辩护。为了迎接一个公共节日,这个指挥出资训练了一个男孩合唱团,其中有一名成员因嗓子痛服用了某种药物导致死亡。据说,这个男孩的亲戚被诱导提出了指控,这样做的目的是取消合唱团指挥起诉某些官员的资格,他本来已经指控这些官员私吞公款了。起初,杀人罪的指控并未被推进,合唱团指挥确保了对那些私吞公款的被告
7 的定罪。接下来当合唱团指挥参与对不廉洁的官员的相似起诉时,有人又采取了相同的招数。这次杀人案得到了审理。安提丰撰写演说词为合唱团指挥辩护。在遗失的演说当中有一份针对的是费利努斯(Philinus),该演说很可能就是合唱团指挥在起诉费利努斯指控他侵吞公款时所发表的。其他的片段则表明,安提丰也通过为公诉人撰写演说词的方式参与了对雅典驻外官员(overseas officials)的起诉。至少在两个案子中,安提丰担任一些团体的顾问,就对他们征收赋税的问题寻求救济。他的辩才冠绝雅典帝国的被征服民族,这份殊荣甚至包括

---

〔3〕 合唱团指挥的职责是“收集、维护、传授和装备在重大节庆日戏剧、音乐和管弦乐比赛所需的多个合唱队的一个”(Whibley, *Companion to Greek Studies*, p. 408)。参见本书边码 101 内容。

了他为那些被控有罪的个人所进行的辩护，这些犯罪尽管是在雅典之外犯下的却要在雅典进行审判。希罗多德(Herodes)谋杀案的审判即是安提丰这个方面的活动的真实写照。欧克西泰乌斯(Euxitheus)是米蒂利尼(Mytilene)的一个土著，他被指控谋杀了希罗多德这位侨居在那个岛屿上的雅典人。被告的父亲是一个有钱人，并且属于经常反对雅典人统治的那个阶级。假如这个案子当中的事实陈述(allegations)和当时的喜剧作家阿里斯托芬(Aristophanes)的某些俏皮话可信，可以看出当这个阶级的一员在雅典人的法庭上出庭时，出庭人并不总是相信自己能获得公平的对待。这个审判的政治层面体现在以下事实之中：当欧克西泰乌斯了解到安提丰的政治观念及其对被征服民族的同情后就向他寻求帮助。安提丰的这些活动整体上看有点蓄意敌视国内外民主制管理和主动同情被征服民族自身不满的样子。

安提丰在修辞技术和才思敏捷上的声誉招致了如此多的 8
针对他本人的大众偏见，以至于他对一起诉讼案的公开支持可能更有害而不是更有利。结果正如修昔底德所说的，他避免公开发言。像德摩斯梯尼和希佩里德斯这样才华横溢的演说家竟然没有因其高超的演说能力而遭到怀疑，出现这样的情况着实令人感到奇怪。对此的解释部分归因于安提丰时代修辞技艺的新颖性，部分归因于当时的信念：安提丰用它来阻挠正义的目的以实现自己的利益。他在喜剧舞台上遭到讥笑，因为他贪婪并从战战兢兢的被告的窘境中获利。人们不相信一件根据大众观念能“使坏的理由变成好的理由”的艺术。正如杰布(Jebb)所言，安提丰的执业演说[《四联辞》(*Tetralogies*)]尤其展示了“通过连续提出若干精细程度不一的要点，为一项几乎不可能根据任何宽泛的理由加以辩驳的诉讼案进行斗争的伟大才能”。

安多基德斯(Andocides,公元前440—约前380年)是一位贵族,其祖上三代都活跃于公共生活的舞台上。公元前415年,当时安多基德斯只有二十多岁,发生了整个城市到处可见的守护神赫尔墨斯的雕像被毁损的著名事件。而且,巨大的骚动接踵而至,并有愈演愈烈之势。当时出现的情况是,祭祀得墨忒耳(Demeter)和珀耳塞福涅(Persephone)这些神祇并在雅
9 典备受尊重的埃留西斯秘仪却在私人住家之中遭到嘲弄。因为当时正值锡拉丘兹(Syracuse)远征启航前夕,这些行为的极度不敬神在那些雅典人眼中就更加严重。安多基德斯及一些亲属被怀疑是赫尔墨斯事件的同谋,并被捕入狱。他在获得了豁免承诺的情况下供认,尽管自己没有实际参与渎神行为,却对渎神有着一种有罪的认知,并且也使其他人卷入了这起案件。后来他被释放了,但是有一条伊索提米德斯(Isotimides)法令被认为与他有关,这条法令要求把那些自己供认犯有不虔敬之罪的人驱逐出市场和神庙。他不甘于对自身自由的这种削减,于是离开了雅典城。在很多地区作为商人和冒险家发迹之后,他在公元前411年帮了雅典人一个忙:他给雅典提供了急需的船桨圆材,这是他因与马其顿国王的私交所能够保证供应的。他满怀着被奉为公众恩人并解除自己公民资格缺陷的期望回到了雅典城,不料却被四百人会议(Four Hundred)投入大牢,这个四百人会议当时刚刚在颠覆民主制上取得胜利。在推翻寡头之后,他被释放了,并再次流亡邦外。因为与塞浦路斯的关联,他获得了一个在稀缺时节把谷物出口给雅典人的许可。公元前410年,他凭借这项服务向法庭申诉要求解除自己

公民资格的缺陷,但没有成功。公元前 403 年三十僭主的统治
遭到推翻,随之雅典人迎来大赦,他重返雅典城,并积极参与公
共事务。但是,公元前 399 年,他的政敌再次翻出针对他的案
件,指控他参与埃留西斯秘仪时的不虔敬,据此他们宣布,根据
伊索提米德斯法令他被驱逐了。他没有作自己受大赦保护的 10
抗辩,而是反驳了指控,并且敦请法庭遵守那些一直以来都具
有有益效果的大赦条款。其实,倘若大赦被终止或无视,他的
五个控告人中有三个,即刻斐西乌斯(Cephisius)、莫勒图斯
(Meletus)和爱比卡勒斯(Epicares),本身即会遭到起诉。安多
基德斯得到了阿努图斯(Anytus)和刻斐西乌斯这两位著名的
政治家以及他自己部落选出的辩护人的支持。有意思的是,参
与这起案件的人中有两个,即莫勒图斯和阿努图斯,极有可能
就是苏格拉底(Socrates)案件的控告人。这次安多基德斯被判
无罪。公元前 390 年,他成为被派遣前往斯巴达的和平大使的
一员,而且他当时的一篇演说词尚存,他在公民大会上支持了
斯巴达在那种情况下提出的条件。

安多基德斯既不是一位修辞学家,也不是一位专职的演说
撰稿人。他接受过上等阶级雅典人的正规教育,修辞学包括在
内,但他没有对这个科目进行过特别的研究。他谙熟从锡拉丘
兹到赫勒斯滂和从马其顿到塞浦路斯的希腊世界。他跟君王
和僭主打交道,其中包括马其顿的阿基劳斯(Archelaus),他从
阿基劳斯那里得到了木材特许权的保证;也包括塞浦路斯的埃
瓦哥拉斯(Evagoras),他从埃瓦哥拉斯那里获得了把谷物出口
给雅典人的许可;还包括锡拉丘兹的狄奥尼索斯和季蒂昂
(Citians)的君王。他精通人情世故,头脑精明,生意兴隆,面对 11
困难机智敏捷、足智多谋。此外,他还有一种与生俱来的演说

天赋。要求一个像安多基德斯这样的人在法庭上为自己的案件辩护绝非难事。他不是一位像“十演说家精品”当中的其他演说家那样的文体家(stylist)。在众多专家当中他只是一个票友。把他列入那份名单大概部分是因为他与生俱来的雄辩所引发的人们的兴趣,还有部分是因为他所叙述的重要事件。

吕西亚斯(公元前 450—前 380 年)是一位锡拉丘兹人之子。相应地,即便生于雅典,他也并非一位雅典公民。他家与伯里克利和柏拉图(Plato)都过从甚密。柏拉图的《理想国》(*Republic*)即把场景设置在玻勒马霍斯(Polemarchus)家里,他乃是吕西亚斯的兄弟。两兄弟移民到了图里(Thurii)—— 一个位于意大利的希腊殖民地。公元前 413 年雅典舰队在锡拉丘兹溃败之后,整个大希腊(人们这样称呼希腊化的意大利和西西里)对所有支持雅典的人有过一次抗拒。吕西亚斯及其兄弟于公元前 412 年返回雅典,并开始从事盾牌制造工作。事实证明这是一桩利润丰厚的生意,他们的财富招致了三十僭主的垂涎。吕西亚斯在被捕之后成功逃脱了,但他的兄弟却被处死了。雅典在民主制复位之际通过了一条法案,授予他和其他外邦人以公民权,作为对他们在抵制革命中所做出的贡献的奖赏。但是由于一个技术瑕疵,这条法案被宣布为非法,吕西亚斯仍然保留着外邦人身份。

吕西亚斯因为被三十僭主剥夺了财富,开始转向以撰写演说词为业。他早年对修辞似乎仅满足于一种玩票和浅尝辄止的体验。据说他在旅居图里期间曾与蒂西亚斯(Tisias)
12 一同学习,后者是科拉克斯(Corax)的学生,而科拉克斯乃是形式修辞学的创始人。在古代有四百多篇演说被归到吕西亚斯的名下,其中有三十篇诉讼演说(forensic speeches)被保存下来，它们涉及广泛的案件，但只有一篇是吕西亚斯本人发表的。在推翻“三十僭主”之际吕西亚斯起诉了埃拉托色尼斯（Eratosthenes）。埃拉托色尼斯是僭主当中的温和派的一员，被起诉后他选择接受审计，条件是获得给三十僭主及其某些下属的那种赦免。吕西亚斯特别提到了对他兄弟的合法但不公正的死刑判决。是否因为他在这起案件中的感受促使他把撰写演说稿作为一个职业，这也未可知。尽管作为一名外邦人吕西亚斯不能亲自插手政治事务，但他像安提丰一样在幕后发挥着作用。哈利卡那索斯（Halicarnassus）的狄奥尼索斯引述了吕西亚斯为一个客户撰写的一份打算作为庭议演说的材料，这个客户拟参加一个限制把特许经营权授予土地持有者的法律草案的辩论。这份草案将会剥夺大约五千个公民的相应权利。还有一个关于这份材料的更加合理的说法，[4]即它是一篇以公民大会上的演说的形式发表的政论文。吕西亚斯借土地持有者之口巧妙地为激进民主制进行了辩护，而土地持有者本就不为草案所动，他们对法案没有任何个人利益。这篇政论文流露出的情感与反埃拉托色尼斯的演说主旨相得益彰。他为其他客户撰写的演说也表现了相似的激进民主制倾向。

而关于伊塞优斯（Isaeus，公元前 420—约前 353 年）的生平，我们所知甚少，或者说几乎一无所知。他的职业活动持续 13
在公元前 390—前 353 年这段时间。据此可以将公元前 420—前 353 年作为他一生的大致时段。据说德摩斯梯尼找过他，目的是为其针对监护人的诉讼寻求帮助。甚至有证据表明，伊塞优斯为第一次起诉撰写了演说词。但是，无论这二人之间存在

〔4〕 Drerup, *Aus Einer Alten Advocatenrepublik*, p. 22.

怎样的关系，无论是就其本人而言还是就其文体而言，伊塞优斯对德摩斯梯尼的文风的影响都是显而易见的。在古代归于伊塞优斯名下的六十四篇演说中有十一篇被保存下来。它们全部都直接或间接地涉及遗产继承案件。因为雅典调整遗产继承的法律高度精致化，所以伊塞优斯作为这方面的一个信息源的价值弥足珍贵。他作为一名律师的过人之处在于其渊博的法律学识和辩论技巧。一位古代的评论家[5]说他能震慑对手、智胜法官。对于这个结论伊塞优斯的一位近期的校订者[6]极其赞同。

正如杰布所言，可以通过以下事实解释伊塞优斯一生的默默无闻：无论是在文学上还是在政治上，他都与雅典的事务无任何瓜葛。这种默默无闻也是对一名雅典成功律师的职业生涯的富有教益的评论。没有哪个在自己的职业生涯像伊塞优斯一般成就显赫的现代律师能够逃避媒体的关注。而这位雅典律师默默无闻地工作，事业上的成功并未给他带来任何的个人关注度。他的个性、他的发声、他的性格，都与他的职业效能
14 无关。而这些品质对于现代律师而言却是不可或缺的。

伊索克拉底（公元前 436—前 338 年）生于伯罗奔尼撒战争开始之前，逝于灾难性的喀罗尼亚战役（battle of Chaeronea）发生那年，寿终 97 岁之高龄，肌体健全。他生逢风云激荡、岁月变迁的年代。他出生时，雅典处于自身帝国权柄的顶点。他目睹了雅典、斯巴达和底比斯轮流赢得和失去对希腊的霸权。他逝世时，马其顿的腓力（Philip of Macedon）则是希腊之主。

---

[5] 哈利卡那索斯的狄奥尼索斯（公元前 1 世纪）。

[6] Wyse, *Speeches of Isaeus*, Cambridge University Press.

在他生命的最后四十年，他在一系列用公共演说和公开信件形式表达的佳作中，拥护由能胜任的领袖领导之下的民族统一，从而将希腊人从波斯逐渐渗透的权力之中拯救出来。他在马其顿的领导之下看到了自己的理想正处于实现的过程之中。他在自己希冀的那些最高愿望被证明无法实现之前就已经故去了。希腊的自由无法与马其顿的独裁调和。

不敢发声和胆小怕事的性格阻却了伊索克拉底对公共生活的参与，结果当他在伯罗奔尼撒战争中失去自己的财产时，他开始把教学作为一份职业，并建立了一所学校，许多杰出的雅典人和外邦人都在该校的毕业生名录之上。当阿特米西亚（Artemisia）这位摩索拉斯王（Mausolus）的遗孀、迦利亚的僭主为纪念自己的亡夫发起一场辩论赛时，所有参赛者都是伊索克拉底的学生。只有六篇他年轻时撰写的诉讼演说被保存了下来，他晚年宁愿与它们一刀两断。他成了诉讼演说术最为严厉的批判者之一。这种敌意主要归咎于他对那些不值得尊重的 15
竞争对手的憎恶，他们向各自的学生许下了荒谬的诺言。伊索克拉底作为一名律师无足轻重。其实，假如他没有成就政治评论家和文体家的英名，他的诉讼演说能否被保存下来都有疑问。他亲自参与的诉讼仅有一例。他抗议承担装备一艘战船并使之服役的沉重责任，声称他提名的另一位公民更有能力履职。这件事以“交换财产”（*Antidosis*）的诉因诉至法庭。之所以这么称呼这种诉讼形式，是因为原告提出与指定的公民交换财产并履职。他由于患病而得到了由自己的继子代理自己进行诉讼的许可。那篇发表于那个场合的演说无疑是伊索克拉底撰写的，但却没有留存下来。留存下来的关于“交换财产”的演说是一篇关于他的教育理论的申辩（*apologia*）或辩护，行文采取的是一种诉讼演说的形式,反驳了一个讼棍所构陷的含混和子虚乌有的指控。[7] 他坚持称自己为哲学家,并且因此无论是古代还是现代都承受着与柏拉图的对比。同样地,在政治学上他也在伟大爱国者德摩斯梯尼的光辉下黯然失色。然而,近年来出现了一些贬抑德摩斯梯尼转而支持伊索克拉底的迹象。[8]

16 早期的演说家只是间接地卷入政治。诚然,安提丰是公元前 411 年四百人会议的智囊,但是他无论如何都与实际的政府管理没有丝毫关联。其实,他从未在公民大会上发表过演说,而在那里被称为演说家(*rhetors*)而活跃着的政治家总是随处可见。吕西亚斯似乎也在公元前 403 年的民主制复辟中在幕后扮演着重要的角色,但是作为一名外邦人他被阻止在公民大会上发言。伊索克拉底通过自己的政论文发挥着巨大影响,但他甘愿克制对政治的积极参与。安多基德斯因自己年轻时涉及赫尔墨斯圣像毁损的恶作剧而臭名昭著,除此之外他对政治的参与与任何活跃的上等家庭公民所被期待的那样没什么不同。

在这段时期,雅典、斯巴达和底比斯在一系列穷兵黩武的战争中相继赢得又失去希腊世界的领导权,这些战争把希腊世界"公断人"的角色拱手让与了波斯王,正如所谓的"王的和约"所显示的[《安塔尔基达斯和约》(Peace of Antalcidas),公元前 387—前 386 年]那样。其中的一个条款写道:"若任何人

---

[7] Bonner, "The Legal Setting of Iscocrates' *Antidosis*," *Classical Philology*, XV, 193 ff.

[8] Bury, History of Greece, p. 704 ff.; Walker, "Greek History" and "The Constitution of Athens," *Encyclopaedia Britannica*.

拒绝接受此和约，我（国王）将对其开战，随同那些具有相同目
标的大陆国和海洋国。”这是一条波斯敕令，而非和平条约。
公元前 376 年雅典试图在爱琴海诸岛复兴自己的帝国，但没有
取得任何真正的成功。有一个短暂的阶段，中希腊的福基斯人
（Phocians）在抵制近邻同盟（Amphictyonic）〔9〕大会（一个主要 17
基于宗教目的组织起来的民族联盟）强加给他们的渎神判决
时，攫取了德尔菲（Delphi）的财富，并且掌控了中希腊。同时，
马其顿的腓力正在巩固自己在马其顿帝国的权力，把自己的影
响力延伸至塞萨利（Thessaly）和色雷斯（Thrace）。他在卡尔息
狄斯（Chalcidice）和赫勒斯滂的布局和征服使雅典感到惊恐，
因为这威胁到了雅典的食品和原材料供应。直到近邻同盟大
会请求腓力援助它们反抗福基斯（Phocis），他才越过温泉关，
从而成为希腊的一个威胁。福基斯人战败后，腓力取代了他们
在近邻同盟大会中的位置。《菲洛克拉底和约》（公元前 346
年）确认了腓力在希腊邦际事务中的统帅地位。雅典勉强顺
从，但拒绝了腓力在一份非正式协议上的所有加码。这导致了
战争的爆发，公元前 338 年马其顿攻打雅典的先锋部队在喀罗
尼亚溃不成军。亚历山大（Alexander）继承腓力之位成为马其
顿国王和希腊的独裁者，并于公元前 334 年开启自己对西方的
征服事业。公元前 324 年，亚历山大的司库哈尔帕卢斯（Har-
palus）带着一大笔钱来到雅典寻求庇护。但是，雅典人慑于亚
历山大的威力逮捕了哈尔帕卢斯，并把那笔钱存放于雅典卫城 18
（Acropolis）以妥善保管。德摩斯梯尼是负责此事的专员之一。

---

〔9〕 近邻同盟是若干邻邦构成的宗教和政治组织。这些组织中最为著名的一个集结在德尔菲和塞莫皮莱。它的成员身份限定在十二邦，每邦有两票。它旨在执行若干统治邦际关系的规则。但是，它很快就沦为了更具武力的成员手中的工具。

很快人们就发现，保管的钱款仅是哈尔帕卢斯到达时所携带的钱款的一半。战神山议事会对此展开了调查，以查明不知所踪的那些钱究竟发生了什么。调查委员会的报告表明，众多政治家，其中也包括德摩斯梯尼，接受了来自哈尔帕卢斯的贿赂。亚历山大去世（公元前 323 年）后雅典成了反叛马其顿总督安提帕特（Antipater）的领导力量。雅典被打败了，被迫接受了一部寡头制宪法，交出了为反马其顿政策负责的演说家。

在与马其顿缠斗的过程中，雅典的政策是由德摩斯梯尼及与其同时期的人确定的。伊索克拉底在世时见证了腓力在喀罗尼亚的胜利，他本就生活在雅典与马其顿争斗和马其顿称霸这两个时期。因为认识到小的主权城邦为争夺最高地位而发动的永无止境的战争的徒劳无益，他敦促希腊人通过一个大型国外团体（foreign enterprise）在一个能够胜任的领导手下联合起来，这样就能立刻消除波斯对他们的威胁，并且在被征服的野蛮人的土地上为日益增多的富余人口提供家园。对于他而言，腓力似乎就是真命天子，他热切地恭迎他的到来。此外，德摩斯梯尼相信尽管希腊人应当联合起来，奋力抵抗任何威胁希腊自由的外部势力，但他们彼此之间仍应维持均势而非失衡。德摩斯梯尼在自己的一场演说中讲到，“斯巴达和底比斯应当弱一些”，“这对雅典是有利的”。

19 德摩斯梯尼的父亲（公元前 384—前 323 年）是一位富有的兵器制造商，他生前攒下了一大笔财富，却被自己幼年子女的监护人不当管理和侵夺了。德摩斯梯尼在成长过程中接受了严格的法律、修辞和雄辩训练课程，这为他完成从自己不诚实的监护人那里追回遗产的任务做好了准备。伊塞优斯是他的老师和谋士，也是这类案件的专家。虽然他只追回了遗产的一小部分，但他运用了自己的法律专长和经验，并且成为一名成功的演说撰稿人。德摩斯梯尼开始自己政治生涯之际正值波斯被视为希腊首要危险之时，但是他很快就意识到了来自马其顿的危险，于是他向希腊人发出了警告。他在吕库古和希佩里德斯的辅佐下迅速成为反马其顿派的领袖。主和派的领袖是尤布卢斯(Eubulus)。埃斯基涅斯(Aeschines)则是一位坦率的机会主义者，他很快就开始拥护马其顿的大计，成为德摩斯梯尼的头等对手。

德摩斯梯尼的业务活动丰富而又多变。他的较为有趣的演说包括那些涉及海事借贷和保险的部分，它们提供了许多关于海事法和谷物贸易的珍贵信息。他的演说中最令人印象深刻的或许是那些与非法的立法相关的部分，它们中的每一段都展现了他对当时的政治烂熟于胸，以及他足以媲美最好的现代宪法学者的作品的法律学问和精巧论证。他的主要缺点是，会偶尔放纵自己作为一名政治家的激情去隐藏司法公正的氛围，而这种氛围是所有真正伟大的律师在讨论宪法时都会装点的。但是，必须清楚，毕竟德摩斯梯尼是在向几百个 20
跟他一样具有派系的公民而非一个由博学的法官组成的最高法庭发表演说。倘若有人质疑雅典的制度可以产生伟大的律师，那么就请他细读起诉提摩克拉底(Timocrates)和亚里斯多克拉底(Aristocrates)的演说。

著名的起诉梅迪亚斯(Meidias)的案件有一个尚未被普遍承认的政治因素，他被指控殴打和侵犯了德摩斯梯尼，当时后者正担任酒神节歌咏队的指挥。尽管德摩斯梯尼以尖刻的谩骂斥责了富裕的梅迪亚斯，结果他还是用微不足道的金钱了结了此案。这并非真的像它表面上显示的那样不光彩。梅迪亚斯与反对派的领袖尤布卢斯暗通款曲，而且当时的党派利益使得德摩斯梯尼把一项针对一位颇有影响力的政治对手的指控推向结局是不明智的。[10]

显然，当德摩斯梯尼投身政治之后，他开始避免亲自作为辩护律师出庭。当他的亲属德芒（Demon）在一起案件中向他寻求帮助时，他同意倾其所有，却说："既然我已开始在公共事务上发言，我就永不涉入任何私人诉讼。"当然，这并不意味着他的政治活动干涉了他作为演说撰稿人的职业活动。

德摩斯梯尼与哈尔帕卢斯的牵连通常被视为他人格上的
21 一个污点，但是必须记住现代的受贿标准与古代不同。那时能够抵抗住贿赂的公职人员极少。亚里斯泰迪斯（Aristides）、伯里克利、吕西亚斯和吕库古乃是极为罕见的廉洁模范。倘若受贿是为了做对国家最有益的事情，那么这总是被判定为微罪。而且，这是每个受雇于马其顿的政治家都会使用的辩护理由。在这种场合下，德摩斯梯尼认罪却试图为自己的罪责辩护。由于无法支付法庭判决的 50 塔伦特（talents）的巨额罚金，他被关进了监狱。他实现了越狱，然后开始流亡，但很快就被征召了回去。他是亚历山大去世后反抗马其顿未遂而被安提帕特要求投降的演说家之一。他被捕之后服下了毒药，从而避免了被执行死刑。

埃斯基涅斯（公元前 390—约前 330 年）出生于贫寒之家，没有受过绅士应有的教育，这也是德摩斯梯尼喜欢挑衅他的原因。埃斯基涅斯的父亲看守着一所学校，他自己则协助传令，并司门童之职。他先后当过士兵、书记员和演员。因为有着优

---

[10] Bury, op. cit., p. 708.

美的嗓音和俊朗的外表,他出演更为花哨的部分。德摩斯梯尼认为他是一个糟糕的演员。正如托名普鲁塔克所断定的,尽管他可能与柏拉图和伊索克拉底有过某种接触,但他对修辞却从未有任何具体的教导。在这个方面他与安多基德斯相似。

埃斯基涅斯后来步入政坛,在很多年里都是德摩斯梯尼稳定的对手。他的政治生涯始于加入反对腓力布局和诡计的派 22
别,但是他很快就改变了立场,并成为马其顿派的拥护者。他自己的解释是,他意识到对抗腓力不可能有任何成功的希望。然而,他的政敌毫不犹豫地指出他改变自己的政治立场有着更加实在的理由。显然,他顶多是一个没有任何坚定信念的机会主义者。结果,他苦于与激情四射的德摩斯梯尼比较,后者在某些方面更像一位政治鼓动者而非政治家。

埃斯基涅斯要么是被腓力蒙蔽要么是被他贿赂而支持《菲洛克拉底和约》(公元前 346 年)。按照腓力的说法这个和约是最不受欢迎的,而且德摩斯梯尼抓住了机会起诉埃斯基涅斯受贿。埃斯基涅斯案件的公诉人是提马尔库斯(Timarchus)。为了挽回自己作为被告的案件,他根据一条法律起诉了提马尔库斯。这条法律禁止一个出卖肉体和挥霍祖产的人在公众面前发言。提马尔库斯被判有罪,但德摩斯梯尼却没有对埃斯基涅斯的案件施加压力,他以微弱的优势被宣判无罪。直到喀罗尼亚战役之后,复仇的机会才不期而遇。泰西封(Ctesiphon)提议授予德摩斯梯尼王冠以表彰他对雅典的贡献。埃斯基涅斯从立法技术和实体内容两个方面同时攻击这条法令非法。审判耽搁了 7 年之久,它是这两位伟大的对手之间实力的最后检验。不少外地人来到雅典城,准备倾听希腊最为著名的演说 23
家演说。两个人的演说都被保存了下来,埃斯基涅斯的演说名为《驳泰西封》,而德摩斯梯尼的则名为《金冠辞》(*Oration on the Crown*)。德摩斯梯尼的政策大获全胜。埃斯基涅斯则因没有获得五分之一的投票而被处以1000德拉克马(drachmas)的罚金,[11]他随后离开了雅典。古代的传记作家托名普鲁塔克说他在罗得岛建立了一所学校。他在一次公开的展示会上朗读了自己《驳泰西封》的演说。当听众们惊讶于这样的演说居然没有获胜时,他说:"哈,假如你们听了德摩斯梯尼的,你们就不会这么说了。"埃斯基涅斯的三篇现存的诉讼演说都是他自己发表的。尽管他晚年也教修辞学,但他却不是一位专业的演说撰稿人。他是一位政治家而非律师。因为尽管他的演说以诉讼的形式呈现,但它们事实上都是政治性的。对于他去世的日期和细节人们一无所知。

吕库古[12](公元前390—前324年)是德摩斯梯尼的同代人和政治盟友,比德摩斯梯尼年长,他出生于一个古老的祭司家庭,这个家庭的成员一直致力于为国家效忠。家庭传统使他转向了宗教,并全心全意投身公共事业。他管理公共收入达12年之久。人们对他有着如此深的信任以至于其他人有整整250塔伦特的金钱托付给他保管。有人或许认为这样一个人的财务管理无可怀疑,然而他的职位接替者却指控他的账目有
24 所短少。尽管他身患严重疾病,但他还是出现在公众面前,使他的控告者不再作声。

吕库古已知的演说有十五篇,其中现存仅一篇。他像埃斯基涅斯一样热衷向陪审员援引诗句。但是,他的篇幅冗长,往

---

[11] 参见边码69。

[12] 对于把吕库古刻画为一个控告人的做法参见边码70—71。

往不恰当的节选几乎无法像以前外表俊朗和声音洪亮的演员（埃斯基涅斯）所宣讲的那些段落那样可以接受。吕库古从未为他人撰写过演说。其实他自己也不是一个即兴演说者，他甚至被批评在撰写自己的演说词时接受过专家们的帮助。

希佩里德斯（公元前389—前322年）最初与德摩斯梯尼结交，并在喀罗尼亚战役之后拟订了一条法令来纪念他。但是，后来他们的关系破裂了，希佩里德斯加入了起诉德摩斯梯尼收受哈尔帕卢斯贿赂的行列。在埃及的莎草纸文稿中他的演说词相当大的部分得以复原。显然，他们二人后来和解了，因为他们都被安堤帕特要求投降，理由是他们要对雅典的反马其顿政策负责。从实质意义上说，整个葬礼演说都幸存了下来，这是希佩里德斯为那些在反抗安堤帕特的战争中阵亡的人发表的。他从那些不那么受尊重的阶级中吸收了许多客户。其中有两个人吕哥弗隆（Lyconphron）和欧谢尼朴斯（Euxenippus）被吕库古起诉过。他为一位美丽的交际花芙丽涅（Phryne）针对不虔敬指控所做的新颖辩护尤为著名。当他使出浑身解数但法官们似乎仍铁了心要判处他的客户有罪时，他突然扯掉了她的衣服，将她的美丽示于法庭，由此赢得了她的无罪释放。据说当他被安堤帕特的手下逮捕时，他咬掉了自己 25
的舌头以示自己即使遭受酷刑也不会背叛任何人。

狄纳尔库斯（公元前360年出生，去世年份不详）是十位演说家中的最后一位，也是最不重要的一位，他像吕西亚斯一样是一位寄居雅典的外邦人。他在哈尔帕卢斯事件中崭露头角。他的三篇现存的演说都是反对那些被指控受贿的人的，即德摩斯梯尼、亚里斯托盖同（Aristogeiton）和菲洛克勒斯（Philocles）。他在亚历山大去世后由安堤帕特在雅典建立寡头政体期间成了最为活跃的演说撰稿人。他唯一一次作为当事人出庭发生在他生命的末期,当时他起诉了一个普罗塞努斯(Proxenus)人,因为这个人辜负了他的信任,企图诈骗他的财产。

除了这十位演说家之外,还有一大批投身于为法庭撰写职业性的演说词的演说家。在四十篇归于德摩斯梯尼名下的诉讼演说稿中,有一半是不知名的同时代人所作,他们的作品质量上乘,足以被误认为德摩斯梯尼的真作。其他人的情况也是这样。在被归于吕西亚斯名下的四百二十五篇演说稿中,狄奥尼索斯认为只有两百三十三篇是真作。

在马其顿的统治下,演说术失去了活力,雅典变成了一个行省般的城镇。其他的城市,像亚历山大和帕加马则接替了雅典,正像伯里克利所称的那样,它们成就了"希腊学派",演说术退化为了朗诵(declamation)。

第二章　审判人员

司法是公认的国家职能之一。在大不列 26
颠,从理论上说国王负责司法。国王领地上的所有法官都是由国王本人或其代表任命的,任命法官时要听取那些对各级议会负责的大臣的建议。国王与自己的议员担任法官亲自主持公道已去日久远,以至于这项权利即使没有丧失也已经被忘记了。赦免权(pardoning power)本是一项皇家特权(royal prerogative),但它在实践中却是由大不列颠的内政大臣(home secretary)行使的。在美国,参议院的建议和批准权取代了英国部长的顾问职能;但是,总统就像国王一样任命和委托国家系统的法官。联邦大多数州的法官通过选举产生,少数州的法官任命权则掌握在州长手中。总统和州长都享有赦免权。在这两个国家,陪审员都是通过抽签的方式从全体公民当中随机抽取的,但某些职业和行业的人员不能成为陪审员。原被告都享有申请回避权(right of challenge),设计这种权利意在排除不适格的审判人员。

其他的国家部门——议院和国会,只有在启动弹劾(im-
27 peachment)的情况下才行使司法职能。担任法官角色的人在大不列颠是上议院议员,在美国则是参议院议员,而下议院议员和众议院议员分别是控告人(accusers)和公诉人(prosecutors)。一个名为"管理人"(Managers)的委员会被任命来实施审判。在大不列颠,任何人都可能因任何罪行或不端而遭到弹劾。但是,这种冗长的程序往往专门留给那些不如此就无法将其绳之以法的重罪犯。在斯图亚特国王统治时期,它被议会用作抵抗王室的工具。弹劾有一个最为著名的现代例子,那就是1788年到1795年对沃伦·黑斯廷斯(Warren Hastings)的弹劾。从那之后弹劾就被废而不用了。根据美国《宪法》,总统、副总统或任何其他文职官员都可能因叛国、贿赂或其他重罪和轻罪而遭到弹劾,相应的惩罚是被免职和失去将来任职的资格。弹劾成功后,接下来会是普通法庭的起诉、审判和惩罚。美国最为著名的弹劾事件是1805年针对联邦最高法院塞缪尔·蔡斯法官(Justice Samuel Chase)的弹劾和1868年针对安德鲁·约翰逊总统(President Andrew Johnson)的弹劾。我们可以发现,有趣的是,美国《宪法》的缔造者抓住了一个过时的英国制度,并使其如此有效地适应于自身的需要,以至于它现在仍然在联邦和州政府层面服务于一个有用的目标。

在法国,政府和法院的联系比大不列颠更加紧密。8世纪中叶以降,王室法院(*cour royal*),或者说与君主共同审理案件的大贵族议会,即是首要的司法机关。[1]

---

[1] Forsythe, *Hortensius or the Advocate*, p. 232.

在大不列颠和美国,法官是从法律职业阶层当中选出的; 28
在法国,法官则是从已经专门为司法职业做好准备的候选人中选出的。那么可以说,在现代国家当中司法已经掌握在专业法官手中了。然而,在民主制的雅典,情形却截然不同。议事会,即公民大会,又被称为市民大会(Ecclesia),以及所有固定的地方行政官,都有着公认的司法职能。我们在古希腊比在任何其他地方都更容易理解国家控制和发展司法的各种步骤。因此,了解早期希腊司法史不仅对理解公元前 5 世纪和公元前 4 世纪雅典的制度意义重大,而且对正确理解后来的法律史的许多特征都十分重要。在荷马时代(公元前 900—前 800 年)国家体制是亚里士多德所称的“英雄时代的君主制”,它是世袭的和有限的。当时既没有法典也不存在法庭。个人诉诸自助手段以获得对其人身或财产实施的恶行的救济。随身携带武器的习惯怂恿并助长着诉诸暴力的行为。当然,个人并非完全孤军奋战,亲戚朋友总是有望施以援手。有时甚至整个社群都会参与进来。当另一个部落的一员实施了暴行时,受害者的同胞会声援他并和他一起要求赔偿。在这些情形下,社群自然应当 29
积极阻止和惩罚个人实施的可能导致与其邻里关系恶化的攻击行为。公民大会是一个为社群行为设置的方便中介。只要待议事项具有公共意义,那么任何处于危难中的人都可以求助于集合起来的民众。有一次伊萨卡的欧佩忒斯(Eupeithes of Ithaca)让他的同胞对一项损害赔偿请求负责,因为他们一起洗劫了一个相邻的友邦。公民大会被他的行为激怒了,判处了他死刑,但在国王奥德修斯(Odysseus)的干预下他逃过一劫。这种粗疏却实用的大众司法的方法归因于一种尚未以法律形式体现出来的信念:个人实施或遭受的恶行可能包含着对整个社群的危险,唯有通过社群的自助才能得到救济。[2]

按照现代观念,杀人乃是十恶不赦的罪行,只有通过国家才能得到有效的处置;但在荷马时代它却是直系亲属所关心的事情,他们通过那种他们认为最好的家族血仇(blood feud)或血的代价(blood price)的方式去解决它。在人们开始相信流血牵涉玷污之前,社群并没有干预的动力。被玷污的人成了那些与之接触的人的一个威胁,所以必须将其清除或净化。即使不危及国家安全,家族血仇也可能危及国家的安宁,因此想要
30 避免它的愿望是产生国家干预的一个重要影响因素。于是,专门法庭被设立起来以审理杀人案件。出于宗教保守主义,将对一个杀人嫌犯的追诉权限定在受害人的近亲属手中。

早在荷马时代就出现了一种通过证据宣誓(evidentiary oath)进行审判的原始审判形式。在《伊利亚特》(*Iliad*)中,墨涅拉俄斯(Menelaus)质问安提罗科斯(Antilochus),要求他发誓自己没有通过犯规的方式赢得一场马赛。安提罗科斯拒绝了宣誓,这样奖赏就归给了墨涅拉俄斯。倘若他宣誓,那么他就将收到奖赏。但是,当时流行的和平解决争议的方法却是仲裁(arbitration)。一个不情愿的对手会被诱使以打赌的方式将争议提交仲裁,各方当事人都会把一笔钱或一件值钱的物件寄存在一个被挑选出来的仲裁者那里,而仲裁者则会把寄存物交给赢家。可以预见,争议双方都更喜欢国王或某个其他名人所提供的服务,因为他们的正直和判断力会鼓舞人的信心。从选择国王和酋长作为仲裁者的惯例中孕育出了争议解决乃是一

---

〔2〕 Bonner, "Administration of Justice in the Age of Homer," *Classical Philology*, Ⅵ, 12 ff.

个王室特权的观念。这就验证了亚里士多德的断言："（英雄时代）国王是一个将军、一名法官，他掌控着宗教。"阿喀琉斯（Achilles）盾牌上绘制的著名的审判场景，还有其他反映那个时期日常生活的典型场景，都显示出了一个长老委员会端坐在市场内裁决案件的场景，正在争论的问题是一笔作为一个被杀者的赎罪金（blood money）是否已经支付完毕，赌注则是一个塔伦特币。

31 在希罗多德时代，[3]大概始于公元前700年，自愿的仲裁被一套强制的仲裁所取代，这套强制的仲裁则由逐渐取代了君主制的占统治地位的贵族阶层予以执行。实际上，它乃是一个强制性的法律程序，因为它可以由任何受害人提起，而不用获得加害人一方的同意。至此，司法就变成了一项公认的国家职能。但是，那些小酋长们充斥着贵族阶层，他们毫无道德顾忌地收受贿赂中饱私囊。这种情况所导致的普遍不满，再加上对一个更为复杂的社会和经济组织的需求，激起了民众对成文法和程序规则的要求，以此防范腐败法官恣意判决。

> 执掌国家没有比暴君更坏的敌人了，
> 首先，在他治下没有任何成文法，
> 但是，一人统治，一切皆在他个人手中，
> 法律不再平等，
> 但是，当法律被颁布出来，弱者
> 还有富人都有了平等的权利。[4]

---

[3] Bonner, "Administration of Justice in the Age of Hesiod," *ibid.*, Ⅶ, 17 ff.

[4] Euripides *Supplices* 429 ff. (Way's trans.)

在公元前 7 世纪早期的雅典,一种被称为"寡头制"的贵族共和制接替了君主制。从世袭国王到根据出身和财富逐年选出的执政官,这个变化是渐进的。最终国王的职能被分配给被称为"首席地方行政官"(archons)的九个执政官。这些人之首是"大首席"(Archon),他对涉及财产和家庭关系的民事诉
32 讼有管辖权。最初,军事执政官(Polemarch)行使国王的军事职权,并管辖外邦人。国王大首席(The King Archon)继承了国王的头衔和宗教职权。在一个共和国当中对这种王权残余的保留则可归因于宗教保守主义。人们对于废除那种官员的头衔感到畏惧,因为它代表他们沟通着与诸神的关系。同样地,在罗马共和国有一个宗教官职,即祭祀王(*rex sacrificulus*),他保留着王室头衔。剩下的被称为司法执政官(Thesmothetae)的六个首席地方行政官是司法官员而非政治官员。关于他们的准确职能是什么仍存在一些疑问,但似乎相当确定的是,他们负责审理其他执政官管辖范围之外的所有案件,并记录司法判决。[5] 战神山议事会,即位于马尔斯山上的议事会,是长老们的直系后裔,他们作为司法官被绘在阿喀琉斯盾牌之上,乃是国家的统治机构。它也充当着刑事法庭的作用。正如亚里士多德所言,"战神山议事会议会,职掌保护法律,但事实上它管理最大多数的和最重要的国事,对于违反公共秩序的罪人,不用控告,就可以科以刑罚或罚金"。[6]

公元前 621 年,德拉古(Draco)为雅典制定了第一部法典。德拉古法律幸存下来的唯有那些有关杀人的部分。他的这部

〔5〕 Gertrude Smith, *Administration of Justice from Hesiod to Solon*, p. 24.

〔6〕《雅典政制》,第 3 章。

法典规定的惩罚是如此严厉，以至于德玛德斯（Demades），一位德摩斯梯尼的同时代人对其颇有微词，他说德拉古不是用墨水而是用鲜血来书写法律。

公元前594年，伟大的立法者梭伦（Solon）废除了除杀人 33
罪之外的全部德拉古法律，并给雅典创造了一个带有议事会和公民大会的民主宪制。在驱逐统治雅典近五十年的僭主佩西司特拉提达伊（Pisistratidae）的同时，克里斯提尼（Cleisthenes）秉持一种民主的精神修订了宪法。公元前5世纪和公元前4世纪的宪法基本上是克里斯提尼的宪法。公民大会作为一个由全体公民组成的大会，是城邦的最高权力机关。与之紧密相连的是五百人会议（Senate of Five Hundred），一个通过抽签的方式从年满三十岁的全体公民中逐年选出的代表机构。克里斯提尼把所有公民划分为十个部落，再从每个部落当中选出五十个人。这十个部分每个依次构成一个被称为执政团（Prytaneis）的委员会，它主持议事会，并为公民大会的会议配备主席。议事会负责组织提交公民大会讨论的一切事务，并行使主要的国家行政职能。九位首席地方行政官继续像在贵族宪制之下那样履行自己的职务，尽管他们现在是通过抽签的方式从部落精选的一大群人中选出的。城邦的高级官员由四个阶级的前三个阶级的人员担任，这四个阶级是根据财富对公民所进行的划分。在他们任职到期之时，首席地方行政官会被要求接受审计。那些通过了审计的首席地方行政官则会成为战神山
议事会的终身委员；而对于战神山议事会，梭伦已经授予它 34
“保卫法律的职责，这个议会仍旧是宪法的监察人。它监督最大多数的和最重要的国家大事，惩处罪人尤其有最高的权力，

无论是罚金或是判刑”。[7] 所有这些机构和官员共掌司法,但是最高司法权被授予了至高无上的人民,他们通常只在类似叛国这样的严重犯罪或没有被法律规定的犯罪上才出来主持公道,不过他们没有宪法限制的束缚,可以在任何案件中采取行动。公民大会上的普通司法程序被称为“弹劾”(εὶσαγγιλίαι)。这个术语可以用“弹劾”(impeachment)进行翻译,因为它就像现代的弹劾一样,是在一个政治机关面前进行审理。有时也会有一起犯罪经过“告发”(προβολη)而引起人民的注意,无罪释放的投票结果会终止这件事,有罪的投票结果即便没有法律后果通常也会刺激公诉人在普通法庭上提出指控。德摩斯梯尼将梅迪亚斯“告发”到公民大会,然后起诉他在公共节日期间在剧场内实施了殴打和侵犯行为。这个程序在某些方面与大陪审团的告发(presentment)并无不同,在其他方面则类似于英国议会或美国国会的一个决议(resolution),它只是民意的一个表达。弹劾和告发都可能直接在公民大会上启动。一起弹劾可能即刻得到审理,或者被移交给一
35 个法庭。但是,通常的程序是向议事会提出弹劾。假如指控看上去理由充分,那么议事会就有权处以不超过 500 德拉克马的罚金,或者将其移交给公民大会或一个法庭进行审理。只有较为严重的案件才会被移交给公民大会。

梭伦对法律程序和法律常规进行了两项重要的革新。在此之前,只有受害或受伤的一方,或者杀人案中的直系亲属,才能启动诉讼程序。而德拉古已经准许任何人对一个流亡归来的杀人犯提起诉讼,只要他没有得到合法的许可或恰当的净

〔7〕《雅典政制》,第 8 章。

化。这项一般规则的除外规定旨在确保人们能够避免因为在他们当中出现一个不洁之人所产生的被玷污的危险。[8] 梭伦则把这项特权扩大到除杀人之外的所有犯罪。这个除外可归因于审理杀人案件的宗教背景和仪式特征。另一项改革与执政官的管辖权有关。在一个至高无上的人民要求行使一切国家职权的民主国家,赋予执政官不受限制地作出最终判决的权利,这显然是不可能的。因此,对于执政官裁决的上诉权被赋予通过陪审法庭(Heliaea)集合起来的民众,这是一个司法大会,它不同于作为一个政治性大会的公民大会。全体公民,甚至包括那些最低阶级的公民,都是公民大会的成员,但是只有那些超过三十岁的公民才有资格成为陪审法庭的成员。这也 36
是我们相信陪审法庭的法定人数有六千人的原因所在。据说在某些案件中,除非至少有六千人参加,否则民众提起的诉讼就是无效的。例如,除非至少有六千人投票,否则就不能放逐一名公民,或者归化一名外邦人。同样的规则适用于一切影响到个人利益的法律:“根据特定人的法律”(*νόμοι επ ανδρι*),或者罗马人所称的“特权”(*privilegia*)。唯一合理的解释是认为当时采取了平等的措施去保护参与诉讼的个人利益。所以,当一个民众上诉法庭成立时,它自然应由六千人构成。[9] 有时,全体陪审法官都被召集起来,但他们通常应征进入被称为“法庭”(*δικαστηρια*)的部门。这些小组的成员往往被称呼为“陪审官”(dicasts),而绝非“陪审法官”(heliasts)。实际上,“陪审法庭”这一名称很少出现在官方档案之外的地方。“陪审法

〔8〕 Gertrude Smith, “Early Greek Codes,” *Classical Philology*, XVII, 197.

〔9〕 Bonner, “Minimum Vote in Ostracism,” *ibid.*, VIII, 223 ff.

官”的称呼似乎仅局限于公众演说。但是，现代作家常常使用“陪审法官的法庭”(heliastic courts)来指称雅典的民众法庭。

司法执政官，即六位低级别的首席地方行政官，他们的职责是通过抽签的方式从那些愿意从事公务的人中招募陪审官，主持就职宣誓，并按照执政官和其他司法官的要求把他们编入各小组。一个小组的正常人数是：公共(刑事)案件五百零一人，私人(民事)案件二百零一人。因为多数人决定裁定结果，
37 所以需要一个奇数以避免平局的可能性出现。有时也会采用大组的方式裁决那些重大案件，要提交给一千五百人甚至六千人裁决的情况亦有发生。

正如陪审法庭在司法上代表着全体人民，那么这种代表性会通过一种奇特的拟制扩展到每个小组，诉讼当事人一直把它们等同于至高无上的人民。他们以一个代表委员会成员的身价向雅典人发言。陪审官是唯一履行正式公职的公民，他们不需要在年末接受审查以回应与其职务有关的指控。他们与作为人民公仆的其他官员不同，他们即是人民。这就是一位研究雅典宪制的古代作家所说的：“在雅典，案件是由人民审理的。”

克里斯提尼(公元前 508 年)通过将民众法庭作为初审法庭而非上诉法庭的方式强化了民众法庭。这一革新的直接效果是实质性地改变了执政官的司法职责。于是，现在他们的职能是双重的。他们在梭伦时代以前有一项权利，即对所有提交他们审理的案件享有终审权，现在这项权利留存了下来，他们有权在其行政和执行职责范围内惩罚那些触犯其权威的人。按照这种方式他们能够立即处置反对和不服从的行为，否则这些行为就会严重妨碍他们履职。罗马人称执政官的这种强制

性权力为“惩处权”（*coercitio*）。这种权力类似于现代法官在法庭上以藐视之罪惩罚一个冥顽分子。倘若执政官按照自己的估算认为他有权处罚的少量罚金数额不够，那么他可以把犯罪者移交民众法庭进行审理。这只是一项相对不重要的司法 38
职能。执政官在诉讼中真正重要的作用是在预审（*ανάκρισις*）过程中为其管辖范围内的案件做好审理准备。根据申请，司法执政官会为执政官委派一个陪审团，从而在自己的指导之下审理案件。他与现代法官毫无相似之处，他只是一个公共集会的主席，一个小型公民大会的主席。其实，在这一点上，执政官与陪审官的关系跟参议会与公民大会的关系相同。他们只是组织和提出每次会议上待处理的事务。

随着诉讼的增多，固定的执政官无法应付，于是特别司法官员和委员会就被委以与那些充当司法官员的执政官的权力相似的权力。根据古代的教科书、辞书、评注和诉讼演说的遗存，现代研究者已经相当精确地确定了案件在各种不同的官员和委员会之间的分配情况。一般来说，它遵循着明确的原则，但在许多情况下，案件的分配完全是任意的。

从克里斯提尼改革到德摩斯梯尼时代，司法制度引入了许多变革。有些是经验带来的改进，其他的则是民主进步的要求。有些改革也是意在减轻法庭的案件积压，这在很大程度上 39
是由于较为重大的案件从被帝国征服的城邦转移到雅典待审，这里只需要提及这些变化中较为重要的部分。大约在公元前5世纪中叶，伯里克利规定要付给陪审员少量费用。表面上看，这只是他与富裕的客蒙（Cimon）进行斗争的政治手段，实际上这么做也是有道理的，因为当时越来越难以通过实现小组数量的充足以应付诉讼的锐增所带来的困难。公元前425年，煽动者克勒翁（demagogue Cleon）促成了酬劳上的实质提升。坦率地讲，这是一场政治运动，他想要争取大众的支持，对于大众而言陪审员的差事现在变得极具吸引力。梭伦改革之后不久，佩西司特拉提达伊扶植了一位僭主，其统治持续了五十年之久。显然，他没有进行任何急剧的宪制变革，而是满足于用自己的友人和信徒填补官职。但是，他的司法改革有一项内容值得一提，因为它后来被恢复民主后的国家所采纳。他指派法官到阿提卡城镇巡回审判。这项革新的重要性在于他们主要是仲裁者，〔10〕因为尽管他们有权做出一个有约束力的判决，但他们的当务之急还是要诱导争议人达成一个妥协。在驱逐僭主之际巡回法官被撤销，但是公元前5世纪中叶三十位巡回法官又被重新设立以缓解法庭的案件压力。我们对他们的工作一无所知，不过可以有把握地推定，他们就像自己的先驱那样，
40 既是仲裁者也是法官。在推翻“三十僭主”之后，因为巡回法官会使人回想起那些僭主的恶名，所以就被一个只在雅典开会的四十人委员会取代了。三十乡村法官的仲裁功能被分配给了公共的仲裁员，对他们的裁决可以提出上诉。倘若他们无法解决案件，那么就交由四十人委员会审理。因此，对于所有进入四十人委员会管辖范围的案件，仲裁都是必经程序。每个公民在六十岁服完自己的兵役之后都要担任一年时间的仲裁员。“公共仲裁员是雅典民主制最有趣的产品之一。这项制度的设计是卓越的，可以通过公正无私和富有经验的人达成私人诉讼的解决，其目的是缔造和平。”〔11〕另一个与仲裁制度联系密

---

〔10〕 Bonner, "Institution of Athenian Arbitrators," *ibid.*, XI, 191.

〔11〕 Wyse in Whibley, *Companion to Greek Studies*, p. 386.

切的革新是公元前4世纪早期引入的一个规定：言词证据（testimonial evidence）应当以出庭证人所承认的宣誓书形式提交。这一改变的目标是确保上诉应基于先前已经提交的证据。随后这种做法被扩展到除审理杀人案件的法庭之外的所有庭审，其中一部分归因于对诉讼提速的愿望，另一部分则是由于追求一致性的自然趋势。[12]

在"三十僭主"被驱逐（公元前403年）之后，立即就有一场赦免在敌对派系之间被安排下来；根据这项赦免，除了三十僭主及其某些属下之外，其他人则不受在三十僭主统治期间所犯重罪和轻罪的追诉。为了更加有效地阻止频繁设法规避大赦条款的行为，任何因违反大赦条款而被解至法庭的被告，都被准许提出案件不可诉的特别抗辩。[13] 当时所称的抗辩（παραγραφη）既包括英美惯例中的特别抗辩也包括异议抗辩（demurrer）。原告承担举证责任，被告首先在庭审中发言，举行庭审是为了确定拟提起的诉讼是否真的违反了大赦的条件。这种特别抗辩很快扩展到其他事项，如既判案件（*res judicata*）、诉讼时效以及和解和清偿。但是，因为诉讼当事人一贯坚持按照是非曲直来讨论整个案件，所以这种试图把技术问题与主要争议区分开来的尝试，虽然值得称赞，但并非全然成功。在议事会或公民大会（εὶσαγγελια）上提起的弹劾原本是被设计出来用来审理重罪的，但后来逐渐兴起了一种做法，即将这种程序用到微罪之上，例如，给吹长笛的女孩支付了超过最高法定数额工资的案件。这种滥用十有八九是因为人们试图逃 41

〔12〕 Bonner, *Evidence in Athenian Courts*, p. 46 ff.; cf. "Evidence in the Areopagus," *Classical Philology*, Ⅶ, 450.

〔13〕 Calhoun, *Classical Philology*, ⅩⅢ, 169 ff.

避普通程序的拖延和技术性细节,还有就是规避遭受罚金的风险,这种罚金通常会加于未能在陪审法庭上获得至少五分之一投票的原告身上。因此,在大约公元前 4 世纪中叶通过了一项法律,它详细规定了哪些案件可以以弹劾的方式进行审理。

42 雅典审理杀人案件的法庭在组织上与其他法庭判然有别。战神山议事会被誉为希腊最古老的审理杀人案件的法庭,据说甚至外邦人和诸神都曾求助于它。从早期时代开始,除了一般的刑事管辖权之外,它审理一切杀人案件,但在区分故意、非故意和可辩护的杀人之后,有四个额外的法庭被设立起来。故意杀人、故意伤害、投毒和纵火属于战神山议事会的管辖范围,它在国王大首席的主导之下进行工作;而国王大首席与主持陪审法庭会议的执政官不同,他积极参与审理过程。位于帕拉丁(Palladium)的法庭审理非故意杀人案件,还有杀害非公民的案件,如奴隶、外侨(*metics*)和暂住的外邦人。坐落于德尔菲的法庭审理可辩护的杀人案件,例如出于自卫的杀人。位于福莱托(Phreatto)的法庭则审理那些虽然因非故意杀人而被流放却受到谋杀或故意伤害指控的人。被告乘船来到一个坐落于海岸边的法庭上提出自己的辩护,这样就可以避免阿提卡土壤遭受污染。当然,这类案件必定极少发生。起初这三个法庭每个都由被称为特别刑事法庭法官(*εφεται*)的五十一名特别法官组成,他们是从战神山议事会的成员当中招募而来的。但是,公元前 5 世纪的某个时期,特别刑事法庭法官被固定的陪审员取代了。这种变化无疑发生在大约公元前 5 世纪中叶战神山议事会被剥夺了自身的政治和司法权之际。[14] 政府大厅

〔14〕 Gertrude Smith,"Dicasts in the Ephetic Courts," *Classical Philology*, XIX ,353 ff.

(Prytaneum)还有一个法庭,它在国王大首席的统辖之下,由部 43
落王组成,审理那些导致了人员死亡的凶手不明、动物和无生命物体致害案件。被判处死刑的物体会被扔到阿提卡的边界之外。在盎格鲁-撒克逊法律当中也会发现有相同的做法,那些被判处死刑的物体被称为“杀生性敬神物”(deodands)。

第三章　惯例和程序

44 当时的雅典，人们对诉讼分为刑事和民事这一现代划分全然无知。根据主要涉及的是个人利益还是城邦利益，诉讼要么是私人的（δικαι），要么是公共的（γραφαι）。任何公民都可以提起一个公共诉讼，但是只有各方当事人及其法定代理人才能提出一个私人诉讼。因为只有近亲属才能起诉，所以杀人案件被归类为私人诉讼。然而，城邦可以像在公共诉讼当中那样科处刑罚，有相当数量的私人诉讼会进行仲裁。除此之外，公共诉讼和私人诉讼中的惯例实质上是相同的。总体上，除杀人案件之外，公共诉讼对应着刑事诉讼，而私人诉讼对应着民事诉讼。根据刑罚是由陪审团评定，还是由法律或当事人各方的事先协议确定，诉讼又进一步被划分为可评定的（τιμητοι）和不可评定的（ατιμητοι）。柏拉图所描绘的对苏格拉底的审判就是一个体现陪审团评定刑罚的绝佳例证。[1]

各种文献当中提到了一百多种私人的和公共的诉讼类型,
例如诽谤、殴打、不虔诚和作伪证等。这些案件在十几个地方
行政官和委员会之间进行分配,那些列入行政官员公务范围的 45
案件被分派给他们。首席地方行政官负责孤儿和寡妇事务。
因此,影响她们利益的诉讼都由他来处理。他的法庭近似现代
的遗嘱检验和大法官法庭。顾名思义,军事执政官(Po-
lemarch)原本是军队的最高统帅,但在民主制下他不再是一个
军官。他对非公民的案件有管辖权,如自由民和外籍居民,这
是该职位的古老军职的遗存。严格意义上的军事罪行将被呈
至十将军处进行审理。国王大首席继承了王权的主要宗教职
能,因此其负责审理亵渎和杀人案件。把案件分派给纯粹的司
法官员必然有一定的随意性。一般来说,起因于契约关系的民
事诉讼由四十人委员会审理。现代意义上的刑事案件(不包
括杀人案件)由司法执政官(Thesmothetae)审理,但是有一类
特殊的案件除外,其中包括不同种类的被称为“作恶者”
(*κακουργοι*)的盗贼,这类案件专门留给十一人委员会(the
Eleven)负责。十一人委员会就像现代的警长(sheriff),负责监
狱和罪犯的监禁和处决。有一类案件被称为“月诉”(monthly
suits),因为它们必须在一个月之内被提交审判。这种特惠待
遇赋予嫁妆、公司、银行等案件,公元前 4 世纪中叶之后商业诉
讼也享有这种待遇。除商业诉讼外,这些案件都由一个被称为
“介绍者”(*εἰσαγωγεῖς*)的特别委员会处理。对于雅典公民来
说,这些工作规则的种种例外很可能并不那么难以对付,因为 46

---

〔1〕 关于对苏格拉底的审判参见本书边码 250 以下的内容。

这些公民作为诉讼参与人、陪审员或旁听者早已多少熟悉了诉讼的不同阶段,就像现代学生从学生手册中获取自己的信息一样。

无论是公共诉讼还是私人诉讼都通常始于一次正式的传唤,它要求被告在指定日期出现在适当的地方行政官面前。但是,也存在许多例外。“作恶者”(Malefactors)和那些行使已被作为惩罚的手段剥夺了公民权的人,则可以被任何公民作为“现行犯”(*flagrante delicto*)即刻拿捕归案并押解至官府(απαγωγη)。公民也可以不亲自拿捕罪犯,而是把它指认给捉拿犯人的地方行政官(εφηγησιs),或者提供正式的书面信息,把进一步的行动留给捉拿犯人的执法官及其助手(ενδειξις)。当审判发生时,负责以上述方式的任何一种拿捕罪犯的公民,既行使控方律师(prosecuting attorney)的职能,也发挥控方证人(complaining witness)的作用。据目前所知,即使被告人被不当地送上了法庭,该公民也不存在任何因错误拿捕而被诉损害赔偿的风险。但是,假如控告人未能获得至少五分之一的陪审员投票,那么他就要遭受1000德拉克马的罚金。[2] 在公民大会(εκκλησία)的诉讼程序中,执政团传唤被告人。在被称为“交互诉讼”(διαδικασία)的对一处地产的诉讼请求中,因为空置地产的目录是每月公开的,所以不存在传
47 唤的需要。在所有其他的公私案件中,包括“声明”(φάσις)它是一种用于违反海关或矿业法律案件的诉讼形式在内,以及被称为“财产登记表”(απογραφη)的程序,用于收回被个人不当占有的国债或国家财产在内,提起诉讼的人要当着两个证人传

〔2〕 大概200美元;参见“阿提卡货币单位表”,本书附录。

唤被告到对本案有管辖权的执法官面前。

确定法律为其申诉规定了何种程序，这乃是原告的事务。有时原告可以对救济方式进行选择。假如所考虑的程序需要这样，他就必须把被告传唤至适当的司法官面前，无须与地方行政官进行任何事先的安排。但是，他必须遵守法律节假日和其他在某段期间内不能受理某些类型的案件的规定。例如，在一个杀人罪审判之前必须举行三次月度听证。因为同一个执法官必须处理整个案件，显然一起杀人案的审理不能在国王执政官任职期的最后三个月期间开始。同样，在航海季节不受理商事诉讼。假如被告未能出庭，除非有一个代表起誓（*υπωμοσία*）说他有合理充分的理由被迫缺席，否则他就可能因送达传票的证明而自动败诉。如果双方当事人都到庭了，那么执法官就可以开始进行案件预审（*ανάκρισις*）。预审是早期的惯例适应新情况的一个遗存形式，只要执法官宣布了一个最终判决[3]或者一个可上诉的对象[4]，他就需要案件的所有证据。但是，在克里斯提尼改革之后，人民陪审团变成了一审 48
和终审法庭，执法官仅需充分的证据决定案件是否隶属于自己的管辖范围，是否存在一个法定诉权，原告是否适格起诉，以及诉讼时间和形式是否于法有据。但是，因为执法官有可能在任期内被免职，并在他任期结束之后因在职时的渎职行为而遭到起诉，他宁可选择稳妥的做法，除非有最为清楚的理由，否则他很少冒险拒收一起案件。被告人自然希望获得预审时所提出的全部证据，这样他们或许就能够更为有效地去应对。有时，

〔3〕 梭伦改革之前。

〔4〕 根据梭伦宪法。

他们使用的一些表达已被某些调查者仓促地解释为所有证据都必须被提出来质证。这个观点是没有事实依据的。这是因为有一些案件,发言人显然并不知道他的对手打算在法庭上提出什么证据。而且,至少有一个案例,直到审判开始之前被告人都没有出示决定性的证据。有一个人被控杀了一个女奴,事实上,这个女奴并没有死,被告人成功地找到了她的准确位置;但是因为他下定决心要抓住那些藏匿她的阴谋家,所以他直到审判开始之前都保守着自己发现的秘密。审理时他提出那个女奴仍然活得好好的,这彻底让起诉人和十五位发誓那个女奴
49 已死亡的证人乱了阵脚。显然,被告人在这个案件的任何一次预审中都没有披露自己的证据。

在私人诉讼中,假如索赔金额在 100—1000 德拉克马,双方当事人都要缴纳 3 德拉克马的诉讼费;索赔金额超过这个区间的话则需缴纳 30 德拉克马。除了“声明”(denunciation)和“财产登记表”(inventory)这类诉讼费与私人诉讼相同的案件,在公共诉讼中公诉人只需缴纳一笔极少的象征性诉讼费。之所以出现这个例外,是因为胜诉的公诉人参与城邦收回的钱的分配。那些要求得到争议地产的人需要缴纳其索要数额的十分之一作为押金,那些提出没收财产的请求人则要缴纳五分之一的押金。

诉状要在初步调查时提出。以下是公元前 415 年对臭名昭著的亚西比德(Alcibiades)的起诉书。

> 莱西亚的客蒙之子忒萨卢斯告发:斯卡姆邦尼德的克里尼亚斯之子亚西比德犯下亵渎女神克瑞斯和普罗塞耳皮娜之罪。他以嘲笑的姿态描绘神圣的奥秘,并在自己的

> 房间里向朋友演示。他像大祭司那样身着法衣，当他展示圣物时他自命大祭司，波吕提昂是火炬手，斐该亚之子忒奥多卢斯则是信使；同时像对初学者和新入教的人那样向其他的朋友行礼。所有这些做法都违反了欧摩尔庇代的法律和制度，违逆了神殿的祭司和信使。

我们在一篇归到德摩斯梯尼名下的演说中找到了阿波罗多鲁斯诉斯特凡努斯（*Apolodorus v. Stephanus*）的起诉书和答辩状。“阿卡尔奈的帕西翁之子阿波罗多卢斯诉阿卡尔奈的迈涅克勒斯之子斯特凡努斯。索赔 1 塔伦特。[5] 斯特凡努斯 50
作了不利于我的伪证，即证人陈述中所写的内容。”很可能这份证人陈述已经亡佚了。被告人斯特凡努斯答辩如下：“阿卡尔奈的迈涅克勒斯之子斯特凡努斯说：我给的是真实的证言，证明的是在记录之中所写的内容。”被告人的答辩可能要么是像斯特凡努斯那般的直接否认，要么声称基于法律或事实理由，该事项不可诉。在较为古老的惯例中，假如被告人对该起诉有异议，原告有提出证明该事项可诉的证人的优先权。为了应对这个变化，被告人必须以伪证罪起诉该证人。然而，倘若原告未采取这个步骤，那么被告人就必须以一个特别证人的证言支撑自己的异议，在原告继续原诉讼之前，他必须以伪证罪成功地指控该特别证人。在公元前 4 世纪，这个诉讼程序（διαμαρτυρία）仅出现在遗产继承案件之中。当死者的儿子们都占有遗产时，他们通过提供一个证人的方式来对抗其他人对该遗产所提出的主张，这个证人会起誓说：由于死者有合法的

---

〔5〕 1 塔伦特（6000 德拉克马）大约值 1080 美元。

儿子存在,因此不能对该遗产提出法律上的主张。假如原告成功地使证人被判伪证罪,那么他们的请求就能得到审理,否则就会被驳回。所有其他的异议都采取"抗辩"(*παραγραφη*)的形式,因为雅典的惯例是不区分事实和法律的,所以这个术语既包括特殊抗辩(special plea)也包括英国普通法中的有责任
51 答辩(demurrer)。下面这些例子可以说明"抗辩"的范围。它被用于以下这些情形:声称已被释放和获准离开、属于既判案件(*res judicata*)的事项、已通过仲裁解决、诉讼时效已届满、提起的诉讼类型是错误的、所属管辖区不同的几个案件已被合并审理。以此方式提出的争论点会被单独审理,而且被告要率先发言。这在影响陪审团上存在明显的优势,但是这个优势因举证责任(*onus probandi*)的转移而被部分中和。假如被告无法证明自己的主张,他可以通过提出直接否认(*εὐθυδικία*)的方式继续诉讼。假如他成功了,那么他的对手就必须放弃这个案子,除非有诉讼形式上的例外。在这种情况下,他可以通过恰当的形式重新起诉。

双方当事人都被要求对自己的诉状(pleadings)起誓。柏拉图曾严厉地批判了当时法律的规定,它迫使雅典的诉讼当事人有一半要宣假誓。这个惯例无疑是原始时代的残余,那时被告人被允许以一个被称为"证据宣誓"的庄严宣誓[6]自证清白。随着时间的推移,这项特权也在某些限制之下扩展至原告。最终,它变成了与现代"无罪"抗辩相当的纯粹程式。诉状的副本被存入档案室,摘要被在公共场所张贴公布。

---

〔6〕 Bonner, *Evidence in Athenian Courts*, p. 74; Gertrude Smith, *The Administration of Justice from Hesiod to Solon*, p. 55 ff.

所有诉至四十人委员会的案件，其中包含着大量的民事案
件，都受到特别的对待。那些标的额少于 10 德拉克马的案件 52
则由代表着被告部落的四十人委员会中的四个成员审理，不设陪审团。他们的裁判是终局性的。标的数额超过这一数目的案件将被分配给一名公共仲裁员，他首先会努力促成和解。倘若他没有实现这一目标，则会根据全部证据进行判决，对他的裁判可以进行上诉。为了方便上诉，一切言词证据都被统一为书面形式。通常不能再提出任何进一步的证据。四十人委员会的同一批成员主持审理上诉的陪审团。10 德拉克马以下的数目免于仲裁，这大概是为了防止那些琐碎的案件通过上诉的方式进入陪审法庭。四十人委员会也可能给诉讼当事人提供解决这些琐碎案件的机会。与现代的书面陈述相比，作为雅典惯例的宣誓作证是简洁而质朴的。当书记员宣读这些证言时，证人被要求出庭，并承认他们的证言，不允许交叉询问。这样的证言在德摩斯梯尼的一些演说当中得以保存下来。正像有些学者所坚持的那样，即使它们是被伪造出来的，也是由那些熟悉雅典惯例的人所创作的。在安德罗克勒斯诉拉克利托斯案（*Androcles v. Lacritus*）中发现了以下证词，来自一篇归于德摩斯梯尼名下的演说：

> 埃尔伽西克勒斯（Ergasicles）宣誓作证说，他是船主叙布勒西乌斯（Hyblesius）船上的引航员，而且他知道阿波罗多鲁斯（Apollodorus）在船上运了 460 个五加仑桶的门迪安酒，仅此而已；阿波罗多鲁斯没有运任何其他的货物
> 去本都……哈利卡那索斯的亚拉图斯（Aratus of Halicar- 53

nassus)作证说,他借给阿波罗多鲁斯 11 米纳[7]的银币,以他正运载在叙布勒西乌斯船上前往本都的货物和在那里购买的回航货物作抵,而且他不知道阿波罗多鲁斯已经从安德罗克勒斯那里借过钱。

在公元前 5 世纪的惯例中,证人的口头证词同样简单。一份询问记录被保存在安多基德斯被控告的辩护之中,这份控告有关他亵渎得墨忒耳(Demeter)和珀尔塞福涅的神圣奥秘。狄奥涅图斯(Diognetus)是一个特别委员会中的一员,这个委员会在公元前 415 年被任命去调查赫尔墨斯圣像毁损和亵渎奥秘的事件,他被安多基德斯叫去确认一份被告密者揭发的人员名单。

狄奥涅图斯,当皮托尼库斯(Pythonicus)在公民大会上指控亚西比德时,你是一名刑事专员吗?

我是。

你知道安德罗马库斯(Andromachus)提供了关于在普里提奥恩(Pulytion)家里发生了什么的信息吗?

我知道。

这些是他所提供信息中的那些人的名字吗?

是的。

在杀人案件中,证人要宣誓才能担任;在其他案件中,只有当对方当事人要求时才起誓。

---

[7] 1 米纳(100 德拉克马)的价值是 18 美元。

奴隶不是合格的证人。通过拷问他们而取得的证言只有
在对方当事人同意的情况下才能采用。一个要求采用自己奴
隶或对方奴隶的证言的诉讼当事人,可以在预审或案件审结之 54
前的任何时候要求引入相关奴隶的陈述来质疑。他可能提出
就某一个呈交给陪审团的特定问题来取证,或者要求根据奴隶
对特定问题的回答结案而不进行进一步的诉讼。奴隶的证言
经常受到赞扬,偶尔也会遭到贬低,但极少(如果有的话)作为
一个挑战的结果而被引入。尽管有相反的慷慨激昂的陈述,但
人们对这些证言并没有什么真正的信心。在现有的情况下,没
有接受这种挑战的实例。然而,这并不是它们从未被接受的确
凿证据,因为假如它们牵连到了整个问题,那么这个案件就理
应永远不会对簿公堂。

原始时期,通过当事人或助誓人的证据宣誓进行审判是常
见的现象。助誓人发誓自己的誓言是真实的。证据宣誓在早
期的英国惯例中也很常见,甚至出现在殖民地时期的马萨诸塞
州;但是,在公元前 4 世纪的雅典惯例中,这些誓言只能作为一
个挑战的结果经同意才能提出。除非是在杀人案件中,否则妇
女都不是合格的证人。在其他案件中,获得一名妇女的证言的
唯一方法是通过提出挑战,要求根据她发过誓的陈述解决某个
有争议的问题或整个问题。接受一个誓言的挑战极少会被人
接受。这事实上排除了那些过着近乎东方与世隔绝生活的妇
女的所有证言,但它并不像在一个妇女可以自由参与群体的社
会和商业生活的现代社会当中那样是一个严重的问题。而且, 55
被告甚至会在相对不那么重要的案件中让自己的孩子和女性
亲属出庭以激起法官的怜悯,这是常有的事情。

根据一套极为精细的制度,在适当官员的管辖之下,那些

陪审官被分配到不同的法院，其目的在于防止贿赂。主席在书记员、传令官和警察的协助下，负责案件的审理，但他不以任何方式参与讨论或者裁决。他无权排除不适当的证据，也无权强迫发言者将他的发言限制在争议问题之上。当一起案件被审理时，倘若任何一方当事人未能出庭，而他又未委托一名代表以宣誓的方式证实其缺席的理由并且要求延期审理，那么他就会被缺席审判。另一方当事人则获准提出一个否认该缺席理由充分程度的宣誓，并被允许反对延期申请。这个问题由陪审团作出裁定。假如双方当事人都在场，则由书记员宣读起诉书和答辩词。法律规定每个人都要为自己的案件出庭，但在非常情况下允许一名代表为其辩护。在主发言结束后，经陪审团的许可亲戚朋友可以进行简短的陈述，这些陈述通常具有品格证据的性质。一个没有经验的诉讼当事人也可以请专业的演说撰稿人为其提供服务，准备一份发言稿，并就案件的走向向其提供一般性建议。

当法庭开庭时，所有的证据都在书记员手中，并在发言人
56 提出要求时进行宣读。在阅读宣誓证词和其他文件的过程中，用于计算每个发言人发言时间的水钟就会被停下来。在某些情况下，反驳性的发言是被允许的。发言结束时，陪审团不对案件进行任何正式的讨论，以无记名投票的方式进行秘密投票，多数票决定裁决。如果在一个由陪审团评定刑罚的诉讼中裁决结果对被告不利，那么就要立即进行第二次审理以确定刑罚或损害赔偿，在原告要求的惩罚与被告提议的惩罚之间作出选择。原告可以自由地减轻诉状中已经写下的刑罚，只要这么做是在考虑陪审官显露出态度后的明智之举。

在刑事（公共）诉讼中，国家强制执行法庭科处的刑罚；而

在民事诉讼中判决则由胜诉的诉讼当事人本人执行。倘若判决在法律规定的期限内没有得到履行,原告有权在没有官方协助的情况下进行一些必要的扣押以履行判决。如果他遇到抵抗,则可以提起收回所有权诉讼,转移产权,并要求被告承担相当于被扣留财产价值的罚款。于是顽固的被告就成了国家的债务人,并会被褫夺公民权。假设其确实没有任何财产可供征收,被告仍可以被判定为国家债务人。一个判决所确定的债务人是不能被监禁的,除非是在商业诉讼中,以使商人能够在不耽误时间的情况下实现判决。

严格来说,一个陪审法庭所做出的判决是不可以上诉的;
但是,如果一个案件因缺席而败诉,那么仲裁员所做出的裁定, 57
或者陪审团所做出的裁决也是可以被撤销的,并允许在两个月的时间内提起诉讼以撤销缺席判决;在对一名证人进行成功的伪证罪指控的情况下,也允许进行新的审理,条件是在裁决做出之前在公开的法庭之上发布指控的意向通知。伪证既包括非法证据也包括不实证据。

审理杀人罪的法庭的做法十分古老,非常接近一种宗教仪式。在德拉古与亚里士多德之间的三个世纪,雅典人的实践中出现了许多根本性的变化,而对杀人罪案件的审理程序却几乎没变。国王执政官每隔一个月举行三次初步听证会。只有第二代堂兄弟姐妹或表兄弟姐妹的亲等范围内的死者亲属才能提出指控。[8] 在奴隶被杀的案件中,主人可以提出起诉。被告会被公告禁止经常出入公共场所,并且审判是在户外进行

---

〔8〕 在死者没有任何近亲属的案件中,任何人都可以拘捕凶手,只要他违背公告经常出入公共场所。然后凶手会被作为一个受到污染的人进行审理。但如果他遵守公告,他就不会受到干扰。

的。在进行辩护之前的任何时候，甚至在审判开始后，被告都可以通过撤离阿提卡来逃避进一步的麻烦。但是，假如他选择出庭受审，他就必须遵守裁决结果。双方当事人都要进行特别庄严的宣誓，每一方都发言两次。所有证人都被要求对被告有
58 罪或无罪发誓。与公元前 4 世纪陪审法庭的做法不同，言词证据不再统一为书面形式，而且妇女和儿童也都是合格的证人。[9] 在一些现代指南当中经常出现关于在审理杀人罪的法庭上奴隶也有资格作证的说法，这都是由于对安提丰的一篇演说当中的一段话的曲解。[10]

---

〔9〕 Bonner, "Did Woman Testify in Homicide Cases in Athens?" *Classical Philology*, Ⅰ, 127 ff.

〔10〕 Bonner, "Evidence in the Areopagus," *ibid.*, Ⅶ, 450 ff.

第四章　起诉人和讼棍

如果没有如何启动法律程序的充分规 59
定,任何司法系统都无法正常运作。正如一位雅典的演说家所说的那样,

> 保存和守卫民主制和国家福祉有三项最重要的措施:既定的法律、法律程序和法院的裁决。因为法律的功能是宣布什么不应该做,控告人的职能是告发那些应受到法律规定的刑罚惩罚的人,法官的职责是惩罚那些应被绳之以法的人。因此,如果没有人将罪犯绳之以法,无论是法律还是法官的判决都徒劳无益。

雅典与所有现代司法管辖区一样,私人(民事)诉讼仅由相关当事人提出;如果当事人是妇女、未成年人或外邦人,那么只能由其

法定代理人提出。而在刑事案件中,寻求救济的方式有两个重要的区别。在现代国家中,无论是君主制还是民主制,犯罪都是由为此目的而任命或选举出来的训练有素的法律人以政府的名义提出起诉的。但是,雅典没有正式的公诉人。梭伦所立的一条法律规定,准许任何声誉良好的公民起诉罪犯。然而,杀人案件被归为私人诉讼,只有死者的近亲属才能启动法律程序(legal proceedings),不过刑罚(死刑或流放)是由国家像在
60 公共(刑事)诉讼中所做的那样强制实施的。雅典人关于其他犯罪的概念与我们今天的相似,即特定的有害于广大民众的不义行为,它们要么像叛国一样会影响整个共同体,要么像抢劫一样仅影响个别公民。梭伦认为:“在治理得最好的国家中,那些没有受到伤害的人在控告作恶者上所做的努力堪比那些本身遭到伤害的人。公民像同一身体上的肢体,应当感受和怨恨彼此受到的伤害。”

现代的审判是由专家进行的。虽然陪审员都是从广大公众中招募的,但公诉人、法官和被告的律师全都是训练有素的法律人。根据梭伦所建立的制度,雅典的审判完全掌握在外行手中。主持审判的执政官由抽签选出,陪审官从全体公民中选出,任何公民都可以担任起诉人,而被告则亲自上阵为自己辩护。显然,不乏自愿担任控告者的人。通常有几位起诉人在一个案件中联合起来。因此,有三个人参与了对苏格拉底不虔敬的指控。公民们愿意协助执行法律和抑制犯罪的原因并不难找。雅典与其他希腊城邦共同体一样,对自己的公民提出了各种类型的公共服务方面的众多要求。这一制度培养出了公民身份的崇高理想。公众舆论在引导公民参与城邦事务上发挥着重要作用。一个持续不承担公共服务的人被称为“闲散者”

(απράγμων),也可以译作“逃避者”(shirker)或“偷懒者”(slacker),不过没有哪种英译法是十分恰当的。这个绰号具有 61
责备的意思,很少有人愿意背负它。对于一个公民来说,如果他真的不得不出庭受审,那么一个良好的公共服务记录就是一种财富,而怠惰的名声则会带来相应的劣势。诉讼当事人经常列举自己对城邦所做的服务,否认或贬低对手所声称的那些贡献。很明显,苏格拉底失于参与公共事务的行为在审判中对他不利。

在某些诉讼类型中,起诉人会获得一些财政激励。雅典人极为嫉妒和厌恶公民们骗取公库,或者外邦人觊觎公民身份特权。为了应对这些滥用行为,城邦规定了特殊的诉讼形式,鼓励公民警戒公共利益的安危,许以全部收回款项或所征罚款金额的任意比例的回报。“声明”即是针对那些涉嫌违反贸易、海关和采矿相关法律的人所采取的诉讼形式。胜诉的起诉人获得一半的收益。“财产登记表”则是针对用来追回被私人非法持有的公共财产案件的诉讼形式。常见的例子是那些国家债务人,他们隐瞒自己的个人财产;或者是那些已被定罪的罪犯的亲属身上,他们隐匿已被没收的财产。胜诉的起诉人可以获得所得款项的四分之三。此外,雅典不允许外邦人与雅典人通婚,否则外邦人会遭受被卖为奴隶的惩罚。而出售已被定罪的外邦人及其财产所得收益的三分之一将被分给起诉人。

胸怀政治抱负的年轻人经常试图通过起诉某个公众罪犯 62
来增加自己的财富。而且,活跃的政客们不断地尝试通过将对手送上法庭的方式来打击他们,罪名往往是贿赂、腐败、挪用公款、不合法的立法和其他影响整个社会的罪行。伯里克利的政治首秀即是通过控告客蒙连同他的军事将领收受贿赂而声名鹊起。

至于那些影响个人人身或财产的不义行为，例如诽谤、抢劫、攻击和殴打，受到侵害的一方可以信赖地将罪犯送上法庭，尤其是当公众舆论一边倒的时候。个人仇恨也可能增加起诉人的数量。就私敌而言，进行报复通常并不被认为是不道德的。正如埃斯基涅斯所言，“看来针对公诉所说的往往没错，即私仇纠正民众的恶习”。能够抓住自己的敌人违法实属幸运。陪审员十分理解和同情这种观点，诉讼当事人在法庭上对此也是直言不讳的。当吕库古说“将那些对城邦犯下任何不义之罪的人视为私敌，这是一个好公民的责任”时，他无疑给出了这种共同情感一个新解。

将刑事指控托付给自告奋勇者，这一做法尽管在许多方面都很出色，却也造成了严重的滥用。不仅私敌和政敌热衷于提
63 出许多愚蠢的、无理的甚至虚假的控告，而且那些为城邦事务殚精竭虑的真诚和善意的公民也变得过分热心和爱管闲事。对于一个在评价任何事情时都过度憎恶的民族来说，这是十分糟糕的；但当投机取巧和不择手段的人开始以告发谋利为业时，他们对于真诚的公民来说就变成了像作恶者一样的巨大的恐惧对象。因为他们总是随时准备接受“封口费”，虚假的控告与真实的控告一样都能为他们所用。这些职业的控告者被称为“讼棍”。这不是指英语中的“奉承者”（flatterer），而是希腊语“诬告者”（συκοφάντης）的音译。[1] 正如它被演说家所使用的那样，这个词有各种不同的含义，这使得即使是希腊人也很难给它下定义。以下给出的定义是在法庭发言中找到的。

---

〔1〕 Lofberg, “The Sycophant-Parasite,” *Classical Philology*, XV, 61 ff.

根据德摩斯梯尼的说法，讼棍“是一个提出五花八门的指控却什么都证实不了的人”。吕西亚斯说，他们的生意是“要把那些根本没有犯任何错的人拖下水，因为他们可以从那些人身上攫取最大的利益”。根据伊索克拉底的说法，虚假指控还有另一个好处，“通过向那些根本没有犯任何错的人展示他们的能力，他们可以从那些罪证确凿的人那里获得更多的钱”。埃斯基涅斯解释说，这个词通常用于各种类型的无赖，而无关诉讼。翻译德摩斯梯尼的英国法学家肯尼迪（Kennedy）为该词下了一个全面的定义，其中包括了现行法庭文献中大部分含义的外延。他认为：“这个词指的是一个常见的诉讼教唆 64
者、告密者、讼棍、好管闲事者、流氓、骗子和诽谤者的巧妙组合。它包括污蔑、阴谋、虚假控告、恶意指控、利用法律程序的威胁勒索钱财，以及一般来说的所有以欺诈为目的的滥用法律程序的行为。”〔2〕

讼棍喜欢伪装成监督者，他总是摆出一副公众恩人的姿态。阿里斯托芬在《普鲁图斯》（*Plutus*）中刻画了一个讼棍，他被喜剧中描绘的幻想的改革剥夺了生计，声称自己是一位不可或缺的公众恩人。

> 讼棍：唉！像我这么善良和爱国的公民却应受如此虐待，真不公平！
>
> 邻居：你是善良和爱国的公民？
>
> 讼棍：从来没有人像我这样。
>
> 邻居：你以何为生呢？

---

〔2〕 Lofberg 援引，*Sycophancy*，ix。

> 讼棍：我监督一切公私事务。
>
> 邻居：是吗？所为何故？
>
> 讼棍：我想这么做。难道协助城邦执行法律、阻止人们作恶不是我的责任吗？
>
> 邻居：但是，城邦不就是为那个目的任命了法官吗？
>
> 讼棍：但是谁来起诉呢？
>
> 邻居：任何想去这么做的人［*ό βουλόμενος*］。

邻居用梭伦法律的语言回答说，法律允许任何想要起诉的人（*εξην τψ βουλομενω*）去起诉。讼棍回答道："那我就是那个想要这么做的人。"[3]

65 文学作品中有大量的描述表明，讼棍不仅使人畏惧，而且人数众多，阿里斯托芬经常讽刺他们。在《阿卡奈人》（*Acharnians*）中，一个讼棍被卖给了一个皮奥夏商人，这个商人要求用他的商品换取一些其他地方没有生产的商品。在《鸟》（*Birds*）中，两个雅典人着手建造一座城市，以便他们在那里可以和平地生活，摆脱诉讼和讼棍。在现实生活中，那些富有和显赫的公民有时会发现，流亡似乎对他们更有利，因为他们可以躲避职业控告人所操控的迫害。在色诺芬的《会饮》（*Symposium*）中，查米德斯（Charmides）祝贺自己已经倾家荡产陷入贫困，因为现在他再也不用被迫去讨好那些讼棍了。

诉讼当事人也在不断地努力避免被视为讼棍，这进一步证明了当时诬告成风的状况。当一个人说"我提起这个诉讼并不是因为喜欢打官司"，或者说"我已经想尽一切可能方法与

---

〔3〕 Lofberg，前引同一著作，第2页。

被告达成和解了”,或者说“我从未对某位公民提起过公诉,也未在他正在进行陈述时侵扰过他”,显然他希望陪审团明白他不是一个职业的控告者。而且,诉讼当事人经常先对自己的对手提出一个一般性的诬告指控,以免他本人受到这方面的怀疑。“我提起这个诉讼不是因为我是一个讼棍,而是因为我自己是恶意诉讼的受害者。”“我的对手极其精于演说,极为熟悉法庭伎俩。”“指控我的案件是被捏造出来的。”

讼棍在民主制下尤为猖獗。他们的受害者很多都属于支 66
持寡头制或不那么极端的民主制的上等阶级。因此,我们发现“三十僭主”的第一批法令之一即是清除城市中大量的职业讼棍,也就不足为奇了。这是一个受到所有体面而又守法的公民无条件支持的措施。

讼棍无疑更愿意提起那些会带来直接经济回报的诉讼,例如“声明”和“财产登记表”等诉讼,因为这些起诉还能使其摆出他最喜欢的公众恩人的姿态,通过他的服务为公库带来钱财。但是,他绝非把自己局限在这类诉讼中。在任何诉讼中只要取得胜诉,都会使他变成受害者眼中一个更可怕的对手,并使他能够更容易地勒索他们。因为很明显,从被告人那里勒索到的封口费成为大量寄生于雅典的讼棍的生活支柱。装作公众捍卫者并谙熟各种诉讼诡计和弯弯绕绕的成功的讼棍,确实是作恶者的噩梦。即使是无辜的人也不敢在陪审团面前接受审判,因为陪审团总是容易诉诸他们的激情和偏见。许多胆小的人甘愿支付相对较少的钱财,也不愿去冒审判的风险,这并不奇怪。

伊索克拉底有一位当事人披露了原告卡利马库斯(Callimachus)试图向他敲诈钱财时所使用的方法。卡利马库斯逮住

机会就在公众场合唠叨该当事人所犯下的所谓错误。他的一
67 些帮凶则瞅准时机接近这位被告,劝其避免被控告的结果和损
失一大笔钱的危险,即使他对自己案子的优势颇有信心。“因
为在法庭上很多事情往往事与愿违。运气而非正义决定着事
件走向。花一笔小钱,远离麻烦是更加明智的做法。”他接受
了,最终他同意支付 200 德拉克马。这个案子揭示了敲诈的另
一个方面。正如我们所理解的,敲诈是一件丑事,它的极限通
常是受害者的支付能力。但是,在雅典,诉讼的威胁与现代敲
诈者所使用的威胁完全不同,后者往往捉摸受害者的把柄和命
门是什么。要想使大规模的敲诈得逞,支付封口费的人就必须
获得某种合理的保证,即付出一笔约定的款项将保护他不再受
到进一步的追究。否则,被告宁愿承担缴纳一次性罚款或损害
赔偿金的风险,也不愿受制于职业控告人不断被榨取钱财。当
然,这种安排往往并不公之于众,不公开符合双方的利益。然
而,该案中的被告却如实披露了自己为确保不受进一步的追究
所采取的计划。他与卡利马库斯达成了一项协议,拟将此事呈
交上去进行一个附条件的仲裁,仲裁员应裁定此案通过支付一
笔双方事先商定的款项而得到解决。万一再有人企图提出指
控,则可援引仲裁结果作为反对诉讼的充分理由。果然,卡利
68 马库斯无视仲裁提起了诉讼,被告提出抗辩,并向陪审团解释
了整个交易过程。若非如此,我们应该永远不会知道这件事情
的原委。这个方案适合民事案件,却不适合刑事指控。然而,
该案表明,讼棍们确实也会作出安排以稳住受害人,即使他们
并不总是被信任。但是其他的讼棍呢?假如苏格拉底像他的
朋友克力同所劝告的那样越狱了,那么所有的职业控告人就有
机会从苏格拉底的密友那里敲诈钱财,因为他们肯定会被怀疑

怂恿和协助了苏格拉底越狱。然而，克力同在这一点上对苏格拉底的保证似乎表明，只要向讼棍们支付一小笔钱就可以避免一切危险。这类事情很可能是由在雅典猖獗的职业讼棍团伙或帮派来处理的，不过作者在作品中并没有提到他们这一阶段的活动。

当然，在法庭上痛斥讼棍的被告人和在舞台上嘲弄他们的喜剧演员的评价中，讼棍所带来的虚假控告及其产生的恶果是最应受到指责的。但是，讼棍们的活动还有另一种影响，它虽鲜被提及却对正常的司法过程十分有害。毫无疑问，同时向无辜者和有罪者敲诈勒索的后果之一，是相当数量的罪犯通过他们收买的讼棍的运作逃脱了惩罚。

雅典有一些旨在阻止任何类型的缠讼和无根据的指控的简章（general regulations），也有一些针对讼棍的特别法。一名 69
在公诉后又撤回的起诉人须被罚 1000 德拉克马，并被剥夺未来提起类似诉讼的权利。虽然有一些根据这条法律定罪的参考资料，但是给人们留下的印象是违法比守法更加荣耀。这是意料之中的事情，因为执行这条法律和其他法律的人都是自愿的控告人。执法官没有起诉一名不到庭的起诉人的责任。其他的讼棍也不太可能执行一条针对他们同行的法律，尤其是当同一条法律有可能在有人想要调查他们的记录后被用来对付他们自己的时候。无论怎样，这条法律都有可能因当事人各方达成的共同协定而被不受任何惩罚地规避：当案件被要求审理申请延期，但双方都对它不可能被重启心知肚明。还有一条遏制诬告的更有效的法律，该法律规定：倘若没有获得至少五分之一的审判官员的投票，刑事诉讼的原告须缴纳 1000 德拉克马的罚款，并被剥夺将来提起类似诉讼的权利。因为在这种情况下，法律的执行并不完全依赖于无利害关系的自愿的起诉人；可以依靠胜诉的被告使他的控告人受到惩罚。这条法律也适用于某些民事诉讼。在这些案件中，未能获得五分之一判决票的惩罚是诉讼中所主张的损害赔偿金的六分之一的罚金（$\varepsilon\pi\omega\beta\varepsilon\lambda\iota\alpha$）。

70 当时还针对讼棍规定了特别程序。根据伊索克拉底的说法，讼棍可能被交给公民大会处理，在议事会受到弹劾，或者在司法执政官面前被起诉。究竟如何规定或证明一项一般的诬告指控，这不容易弄明白。关于讼棍的审理没有现存的演说辞可资佐证。但是有迹象表明，可以审问讼棍，因为根据法律，在议事会、公民大会和陪审官法庭欺骗人民的人须受惩罚。这条法律不涉及那些活动甚至比将案件进行到底的讼棍更加恶劣和应受谴责的敲诈者。在法律上，只要不使用暴力就不是一起犯罪。但是，无论如何，只有最明目张胆的案件才会被以法律程序处理。因为对真诚的自愿的控告人施加任何制约都有损于公共利益，即使他们容易过分热心。正如亚里士多德所指出的那样，控告自由乃是雅典民主制的基石之一。正如现代社会的新闻自由一样，它尽管有某些明显的缺点甚至被严重的滥用，却必须得到精心呵护。这可以解释为什么没有哪个人曾建议废除或修改梭伦的这条法律。正如普鲁塔克所言，“离开了诬告的民主制就像没有羽冠的百灵鸟”。

在雅典诉讼记录所提到的所有起诉人当中，没有哪个比吕库古更具公共精神和爱国情怀。他是一个继承了祭司职的显
71 赫家族的一员，在他的一生中展现了真挚的虔诚、深厚的宗教感情和炽热的爱国精神。他把起诉，尤其是起诉那些失于履行自身对城邦义务的人，视为自己的神圣职责。他对过错严苛、

严峻和严厉，无情而又冷酷地推动着他所承担的起诉事业，以至于有人说他“在用生命而非墨水书写着起诉状”。这是同时代的演说家德玛德斯(Demades)的著名警句的一个翻版，他说“德拉古是用血而非墨水书写法律”。吕库古没有为他人写过任何演说辞，十五篇归到他名下的演说辞都是他自己在公共起诉中发表的。流传下来的只有一篇，内容是对莱奥克拉底(Leocrates)于公元前338年凯洛尼亚(Chaeronea)战役后擅离职守的弹劾。与大多数控告人不同，他大胆地宣称，他控告莱奥克拉底不是由于私人恩怨，而是出于一种责任感。他承诺要绝对公平，既不诉诸谎言，也不牵连无辜。倘若他不能证明被告是叛徒，就请宣告被告无罪。他可能错在过于严厉，但他有自己信念的加持，而且没有人胆敢质疑他的真挚。在这两个极端之间，一边是追逐私利的讼棍，另一边是像吕库古这样的过分热诚的爱国控告者，一定一直存在许多具有公共精神的公民，他们把将作恶者绳之于法以服务城邦视为一项义务，既不追求严苛，也不另有所图。柏拉图在《法律篇》中提出，没有什么好过自愿的控告人，这个事实似乎表明那样的制度令人相当满意。

第五章　雅典法庭的特征

72 雅典的陪审官既不是现代意义上的法官，也不是陪审员，然而他们却同时履行着两者的职能。他们只是一些具有代表性的雅典平民，通过抽签的方式从那些自荐任职的人当中选出，并没有对这些人是否适合执行司法任务进行过任何检验。最低年龄为 30 岁、享有完整的公民权和未欠国家债务是仅有的先决条件。

在英国的司法体系中，陪审团的职责在于弄清争议事项的真相，法官的职责则是裁定法律问题。通常，在美国的司法体系中也是如此。正如法律格言所描述的，陪审团不回答法律问题，而法官不回答事实问题（*Ad quaestionem juris non respondent juratores*；*ad quaestionem facti non respondent judices*）。法官不仅要从可以适用于案件的法律方面指导陪审团，而且要决定什么证据可以采信，什么问题可以向证人发问，以及在证人或其他人员在法庭上拒不服从时可以进行必要的强制。在雅典，所有这些职能都是由陪审官实施的。主持审判的执法官与公共会议的主席并无二致。陪审官和执法官的相对重要性可由以下事实表明：发言者总是向陪审官而不是执法官发言。在很多方面，庭审就像一场公共 73
辩论，观众扮演着法官的角色。当然，也有一些法庭特有的限制和要求，其中最为主要的是每年全体陪审官的宣誓活动。誓言的准确措辞已无据可查，但下面的重构可以被认为是基本正确的：

> 我发誓，我将根据法律和雅典人民和五百人议会的法令作出裁判。假如没有可以适用于本案的法律，我将根据自己的最佳判断进行判决，既无所畏惧，也不抱有敌意。我将严格裁判争议事项。我将不偏不倚地倾听双方意见。

宣誓旨在保证陪审官以与争议相关的事实为基础，根据法律或衡平作出不偏不倚的裁决。此外，也有一些关于证人资格和证据采信方面的规则。诉讼当事人不能为自己作证，妇女、儿童和奴隶也不能在法庭上作证。传闻证据（hearsay evidence）是被禁止的，而且发言和证据都应与争议事项相关。但是，由于这些限制寥寥无几，加上执行它们的难度，因此陪审法庭实际上乃是政治机构而非法律机构。根据亚里士多德的观点，对司法机关的控制使人民可以控制城邦。法庭并非单纯地审理日常的民事和刑事案件，它们具有确实而又有效地控制执法官和政治家的权力。如果执法官任职资格存疑，则由陪审法

74 庭决断;而且所有执法官和官员(无论文职还是武职)只要在他们都必须参加的年度审计当中被揭露出有公务违规行为,都会被送上法庭。借助所谓的违宪立法(γραφη παρανόμων),即针对不合宪的立法的指控,立法过程受到监督。这个指控可以针对任何人提出,只要他对一项不合时宜或违宪的法律负有责任。弹劾也为人民提供了一个直接起诉的手段,使其得以迅捷而又有效地处置危及城邦安全的犯罪。公元前5世纪,平民法庭的权力的显著增长在很大程度上是因为大众认为他们拥有一种控制城邦和保卫民主宪制的有效手段。

战神山议事会的司法权在公元前462年受到限制,而五百人议事会的惩罚权也被限定在科处500德拉克马的罚金范围之内;这些都把更大的权力移交到了陪审法庭手中,也明确奠定了陪审法庭在城邦之中的至上性地位。与此同时,为陪审服务设定薪酬的制度也使大众能够继续参加陪审法庭的扩大了的活动。

人民控制司法机关的关键在于一项原则:每个小组都是至高无上的人民的全权代表委员会,它是至高无上的,在自身的职权范围内独立自主;它的权力不能被主席或法官分享,或者被其他任何法庭削弱。因此,不可能发展出像英美法系中那样
75 的衡平法的判例法或者成文法的权威解释或约束性先例。每个法庭都必须完全自由地确定事实,按照自己的意愿解释和适用法律。约束性先例将会对这种自由施加难以忍受的限制,它们必然要求形成类似现代法官的专家小组,在可适用于争议事项的法律方面指导陪审法庭。这种专家小组可能是公平和不偏不倚的,但它仍然是权威性的。先例也意味着由法律专家组成的上诉法庭的存在,其判决可能推翻陪审法庭的裁决。雅典

不存在发号施令的博学的法官，也不存在可供咨询的专家顾问，主席、陪审官和诉讼当事人都是普通人。倘若诉讼当事人确实显示出了对法律不同寻常的娴熟，他就会谨慎地解释说局势的必然要求迫使他必须熟悉法律问题。一名陪审官可以在审判过程中与自己较为亲密的邻居交流相关事实和意见，除此之外不存在任何对案件的讨论。每位陪审官都会就争议事项得出结论，并以秘密的方式投出自己的判决票。就像公共辩论或政治集会上的观众投票一样，正如有人说过的那样，裁决只是纯粹的“支持或反对”，显然不可能列出这个判决得出的那些理由是什么。

裁决不存在上诉问题。伪证罪一经证实就会被准予进行重新审理，除此之外裁决即是终审。陪审官在其任职期满后也不用被追究责任。他们能向谁负责呢？这种不负责任将他们与所有其他履行公职的公民从根本上区分开来，并且强调了他们与公民大会成员（ecclesiasts）的平等地位。但是，他们的选 76
任方法保证了他们作为一个相当具有代表性的群体，反映了大众的主流意见和情感，尽管他们在法律上没有责任，但他们仍对民意反应积极。个人责任感在大型群体中容易被减弱，但陪审官誓言强调了这一点，并且经常被诉讼当事人所援引。吕库古曾大声疾呼：

> 请谨记，尽管各位都是秘密投票，但任何人都不能向诸神隐藏自己的意图。你们即将从法庭离开，所有周围的人，不管是公民还是外邦人，都看着你们，他们注视着每个经过的人，一个都不落下，他们通过人的表情就可以知道谁投下了无罪判决的票。

但是,一旦强烈的激情和偏见被激发出来,这类呼吁就注定会被充耳不闻。

陪审官是自愿被招募的。假如太多人愿意奉献,就使用抽签的方式;如果人太少,则采取选拔的方式。但似乎总是存在着充足的自愿者。因为不存在像议员、执政官和其他官员那样的轮岗制度(rotation),所以同一个人可能会年复一年地任职,并因此获得有用的经验。阿里斯托芬笔下的陪审官的态度是极其职业化的。于公元前 423 年上演的阿里斯托芬的《马蜂》(*Wasps*)中,陪审官被刻画为一位老年人形象。而且,伊索克拉底证明了在公元前 4 世纪这些陪审官的贫困处境。或许二者都进行了某种程度的夸张,但当时会受到任职和薪酬吸引的正是那些老人和穷人。

77 自愿参与陪审法庭的人数众多,其中不可避免地存在许多对案件事实有着私下了解的人。甚至可能出现一个人在听取证据之前就已彻底下定决心进入陪审法庭的情况。演说家无数次呼吁陪审官要对案件有私下了解,他们其实都是证人。演说家不可能找到比陪审法庭成员更好的证人了。现代英美国家从不熟悉案件事实,或者至少从没有偏见的人中挑选陪审团的做法,只是较近一段时期才发展出来的。在英国陪审团的早期发展史上,陪审员的工作效率依赖于自己的认识,因为陪审员被法官召集起来的目的即是回答某些明确的事实问题。而且,18 世纪的陪审员仍被发现根据他们自己的认识裁决案件。对争议事件的认识乃是成为一名陪审员的首要前提。因此,事实上只有现代陪审团才仅仅关注案件事实。

陪审官自由地行使自己的权利,询问发言人,以聒噪的方式表达赞同与否,并且不受主席的干涉。在柏拉图的笔下,苏格拉底的申辩中频繁出现安静的请求无疑是完全合理的。埃斯基涅斯曾说:“德摩斯梯尼立誓,他的咒骂将引发陪审官的嘈杂的叫喊,以至于我无法在他们面前冒险做任何辩护。”显然这并非虚张声势的恫吓,因为阿波罗多鲁斯(一个臭名昭著的诉讼当事人)曾抱怨说,由于陪审官的叫喊他无法说出一句话,结果他输掉了自己的案子。还有,柏拉图把法庭上的叫喊 78
和鼓掌比作剧院观众的行为。

那时人们要近乎心甘情愿地忍受各色人等。一个人的一生,无论是公共生活还是私人生活,都会被评论。他的公共行为、道德品质、个人习惯和癖好都会被毫无限制地讨论,以期在陪审官之中引发某种怨恨。现代惯例中只允许在刑事案件中存在品格证据,而且使用的时候通常是有利于被告的证据而在雅典,双方当事人在民事诉讼和刑事诉讼中都可以援用这种证据。甚至亲朋好友都会受到攻击。诉讼当事人往往会唤起人们对他自己在履行国家服务上的公共精神和慷慨的关注,同时也指控他的对手隐藏自己的财产和逃避公共服务。

陪审官把自己的恐惧、偏见和仇恨都带进法庭;无论是关于社会还是政治,发言者毫无顾忌地诉诸它们,他们尤其容易诉诸自己的民主偏见。诉讼当事人经常把自己和先祖塑造为善良的民主人士;而他们的对手及其祖先则被塑造为感情和行为上的反民主人士和寡头。陪审官会被提醒:民主制度正处于危险之中,被告正在竭力把自己凌驾于法律之上,而且正在冒犯宪法和法庭。

被告通常把自己的孩子和女眷带到法庭之上,用他们的眼泪让陪审官心生怜悯,以至于苏格拉底认为有必要为自己没有 79
上演一场这样“催人泪下的壮观场面”而道歉。

> 你们中也许有人想起自己的申辩来，如果他在为比这个官司还小的官司申辩时，泪流满面地向法官们恳求，带孩子上来，还带上来很多别的亲戚朋友，以便能得到最大的同情。这些事我都不会做，宁愿身处危险之中什么也不做。那么，这样想的人也许会对我产生不满，就因为这事而生气，冲动地投我的反对票。如果你们中有人是这样——我认为没有但如果有，你们也不应该允许它们发生。

公元前 4 世纪为不同的小组选拔陪审官的制度是如此精细复杂，以至于贿赂单个的陪审官必定是一件困难而又昂贵的事情。但是，尽管采取了所有的预防措施，还是会有人试图行贿。显然唯一可行的方案是把钱极其普遍地撒在整个陪审官群体身上，以期有足够多的腐败的陪审官被分配到一个特定的小组当中以左右裁决。但是，这个方案只对有钱人来说是可能的。阿努图斯作为苏格拉底的起诉人之一，据说是第一个成功贿赂陪审官的人。这件事情发生在公元前 409 年。当时他被控叛国罪，因为他试图夺回皮洛斯（Pylos），但失败了。在下个世纪，人们还提到了其他一些贿赂陪审官的人，但阿努图斯行为的声名狼藉似乎表明，在雅典贿赂陪审官就像在美国一样并不常见。

雅典陪审制度的缺陷对于现代学生来说一目了然，当然也
80 无法全然逃脱雅典人自己的察觉。但是，诉讼当事人自然不会当面批判那些手握其命运和财富的人，偶尔也会有人提出温和的抗议。安提丰的一位当事人曾说过，“倘若一个人有罪，善行不应免其定罪；倘若一个人无辜，则诉状指控之外的恶行亦

不应使其定罪”。安多基德斯相当巧妙地指出了陪审官不负责任的含义。他在对比五百人会议与陪审法庭成员的审议时指出：“与你们相比他们更不容易犯错，因为他们审议时从容不迫，并且更容易受到其他公民的指责并担上恶名。但是，没有人会对你们吹毛求疵，因为处置呈交到你们面前的事项是你们的权力，好坏悉听尊便。”但很少有演说家有胆量像无畏的苏格拉底那样去批评，他在柏拉图的《申辩篇》中被刻画为那种强烈抗议纵容大众的偏见影响裁决的做法的形象。他说：“如果有什么把我拿下了的话，那不是莫勒图斯，也不是阿努图斯，而是众人的污蔑与嫉妒。这已经拿下了很多别的好人，我想将来还会拿下更多人，不会到我为止。”诉讼当事人可能更倾向于奉承而非批评。陪审官被称为“宪法和法律的卫士”，他们的公平和正义受到赞扬。即使曾经出现过，但也很少有人暗示他们可能会做出不公正的裁决。但是，经常会出现一些关于不要被无道德的对手欺骗的警告。这是因为在法庭理论中，陪审团是不会犯错的，他们的罪恶的顾问要对一切司法失误负责。因此，最好谨慎地接受有利害关系的当事人给予
一个陪审法庭的不加判断的赞扬。然而，希佩里德斯的一位当 81
事人引用了若干具体的例证，其中陪审法庭不仅宣告了他们认为被错误指控的人无罪，甚至还惩罚了起诉人。这些案件描述得如此细致，值得信任。它们表明，雅典的陪审法庭能够而且确实实现了实质性的正义。

> 在我看来，你，波利尤图斯（Polyeuctus），和那些与你意见相同的人，似乎都完全没有认识到一个事实：世界上没有哪个民主制国家，没有哪个君主，没有哪个民族，比雅

> 典人民更宽宏大量;他们不允许任何公民或公民团体在法庭上受到迫害,而是为他们提供保护。阿格拉拉的泰西斯(Teisis of Agraulae)首先将欧提克拉底(Euthycrates)的总计超过60塔伦特的遗产列为公共财产。接下来,他承诺将提起诉讼,扣押腓力(Philipp)和瑙西利斯(Nausicles)的财产,声称他们的财富均来自未支付的采矿使用费。但是,陪审官根本没有听从任何这种言辞,也不觊觎他人的财产,导致那个企图诬告的人未能获得判决票的五分之一从而遭到了罚金和褫夺公民权的处罚。请问陪审法庭上个月的这种行为难道不值得高度赞扬吗?拉山德(Lysander)指控在矿山工作三年的帕勒涅的埃皮克特(Epicrates of Pallene)侵吞公共财产。与他结交的都是城里最富有的人。拉山德承诺为城邦收回300塔伦特,这是他认为这些人通过他们的经营活动赚得的金额。然而,陪审法庭并没有听信控告者的诺言,而是考虑到正义的要求,判定不存在侵吞行为。

在法庭外人们比谨慎的诉讼当事人更加直言不讳。在苏格拉底被审判的前夕,当一个朋友责备他没有为他自己的辩护
82 做万全的准备时,他回答说,他一生都在为自己的辩护做准备,他没有做错任何事。"但是,你难道没有看到?"他的朋友问道:"雅典的陪审官时而恼羞成怒,草菅人命,时而又为雄辩所动,枉纵罪犯。"伊索克拉底也在《论交换财产》(*Antidosis*)中以法庭演说的形式为自己的教育和哲学观念辩护:他的一个朋友试图劝阻他不要在法庭上逐一讲述自己的公共服务。"有些陪审官是如此野蛮和怀有敌意,这是因为他们的嫉妒和贫

穷，他们不是邪恶的敌人，而是成功的敌人，他们不仅憎恨最温和的公民，而且憎恨最正直的行为。这已经十分糟糕了。他们甚至与受审的作恶者沆瀣一气，宣告他们无罪，同时，只要有可能他们就会处死那些他们嫉妒的人。”[1]

有些评论家认为伯里克利在公元前5世纪后半叶引入的支付陪审官报酬的做法是错误的。亚里士多德说：

> 伯里克利是第一个为法庭服务设立薪酬的人，目的是赢得大众的青睐，以抗衡客蒙的财力……有些人指责他因此导致了陪审法庭品格的败坏，因为急于自荐为陪审官候选的人总是那些地位较低的人，而不是那些地位更高的人。

有人提出，亚里士多德可能想到的是柏拉图对此的批判。柏拉图在《高尔吉亚》中描述苏格拉底说：“我想知道，雅典人 83
是被伯里克利变得更好了，还是说相反，他们已被他腐蚀了；因为我听说他是第一个给人民付报酬的人，使他们懒散和懦弱，并且鼓励他们多言和爱财。”卡里克勒斯（Callicles）的反驳则是说，苏格拉底一定是从热爱斯巴达的那伙人那里听说这一点的，这表明这是保守派的观点，他们即使不是公然反民主，至少也强烈地反对在雅典所形成的极端的民主制。他们不厌其烦地颂扬斯巴达和斯巴达的制度。他们中的一些人甚至做作地穿上了粗糙、简单的斯巴达服饰，并把自己的精力花在拳击这种雅典人并没有兴趣的运动上。

---

〔1〕 Lofberg, *Sycophancy in Athens*, p. 16. 在本章和接下来的两章中事无巨细地说明我对这部优秀著作的巨大感激会很乏味。因此，我在这里一并进行致谢。

政客们随时准备好了压榨任何得到城邦补贴的公民群体。雅典的陪审官也不例外。伊索克拉底感叹道:

> 在民主之友中,谁看到簇拥在法庭周边的大量公民期待着被抽中去提供服务以争取到谋生的手段而能不感到心痛呢?我感到惊讶的是,你们居然没有意识到,没有哪个阶级比邪恶的政客和煽动者更病态地热衷于民主。看到小部分公民由于自己的贫穷和对出席法庭和大会的收入的依赖,被迫随叫随到,他们对弹劾、控告和其他他们鼓励的缠讼的增加感到欢欣鼓舞。

陪审官与煽动者之间的同盟是阿里斯托芬在公元前423年上演的喜剧《马蜂》的主题。克勒翁是阿里斯托芬所想的那个煽动者,他对陪审官薪酬的实质性上涨负责。该剧的开幕是
84 两个奴隶在房前站岗,在这座房子里,菲罗克勒翁(Philocleon),一个乐于把时间花在陪审法庭服务上的老年陪审官被他的儿子安提克勒翁(Anticleon)拘禁,以试图治好他的这个毛病。这些名字一下子就暗示了这部剧的目的是抨击克勒翁,而不是陪审法庭制度。其中一个奴隶向观众解释了情况。"他喜欢为陪审法庭服务,没有一个人能像他那样……他很喜欢,而且如果他不能坐在前排,他就会哭泣……晚饭还没吃完,他就叫喊着要鞋子,急忙跑到法庭上,像帽贝一样粘睡在门柱上。"在多次试图逃避奴隶们警戒的徒劳的尝试之后,这位老人出现在了屋顶上,质问道:

> 你们这些坏蛋要干什么?你们能不能让我出去参加

审判？德拉孔提德斯(Dracontides)会逍遥法外吗？

那么，你为什么要担心呢？

有一次我求德尔菲神谕时，他说如果我让一个被告逃脱了，我就会死掉。

当他的所有计划都失败后，看守的奴隶们只希望能在拂晓时睡一会儿。但是，他们失望了，因为这位老年陪审官的同伴像合唱队一样出现了，他们装得像马蜂一样，唱着歌叫醒了菲罗克勒翁。当他没有出现回应他们的歌声时，领唱的人表示，他一定正卧病在床，因为昨天一个无赖通过谎称自己是雅典的朋友，并且是第一个报告萨摩斯叛乱(一起发生在近二十年前的事件)的人，从而逃脱了追捕。他接着宣布，以拥有一蜂箱钱而闻名的拉切斯(Laches)将接受审判，而且他们的恩主克勒翁已经通知自己信赖的陪审官带着积攒了三天的愤怒出庭提供服务了。这是对以三天的口粮作为出庭提供服务的动员令的恶搞。随后，安提克勒翁和他的奴隶们以及菲罗克勒翁和那 85
些陪审官之间展开了一场斗争。最后，双方宣布休战，父子之间的争端呈交给作为仲裁员的陪审官们。以下则是人们所熟悉的喜剧辩论。

菲洛克勒斯毫无保留地赞扬了陪审官生活的欢乐。

陪审官过着快乐的生活，谁比他更幸福？

他虽然年事已高，但他仍懂得快乐，而且举止优雅正派；

当他在清晨起床赶赴法庭时，他走自己的路，

大人物们等在门口奉承他。

接着有个罪犯轻轻地把他油腻的手掌放在我的手掌上，

在意识到自己的欺诈行为后，他开始用悲哀的声音抱怨——

“老伙计，当你本人任职时，

也许你偶尔犯了某个小过失”；

然而，他永远也不会知道我在这里的存在，

假设我以前没有审判过这个无赖——让他离开，我恐怕。

但是当我在法庭上坐下时，受到娴熟的哄骗，

直接违背了我在外面许下的诺言。[2]

而且，假如一个父亲立遗嘱将自己的女儿和财产遗赠给他的朋友，

我们不关心遗嘱上的调子，也不关心那么大个和沉重的印章上的帽子，

我们叫他们离开，被绞死，我们自己负责那姑娘和她应得的财产；

我们把她交给我们选择的人，任何有机会说服我们的人：然而我们，

86 其他官员都必须通过述职，只有我们免于述职，不受控制。

这不是我的一个很好的统治权吗？

它还不如宙斯的帝国吗？

---

〔2〕 福赛斯英译，同一著作，第33页。

安提克勒翁在回答过程中估计，城邦的总收入共计可达2000多塔伦特，而6000名陪审官一年的薪酬只有150塔伦特，相比之下这是微不足道的。

> 试想，当你和所有人都陶醉于富足之中，像空气一样自由，
>
> 我不知道这些煽动者如何让你改变看法，在哪儿关闭你、拘禁你。
>
> 他们意思是说你又穷又憔悴，父亲，我要告诉你为什么。
>
> 他们想让你知道你的门人的手；然后假如他放你远走高飞。
>
> 面对某个无助的敌人，你走了，带着现成的、粗暴的、热切的愤怒。

最终，安提克勒翁证明了自己的观点“陪审官只是那些追逐私利的政客们的奴隶”，并且赢得了这场辩论。

该喜剧在推进过程中出现了许多有损陪审官形象的嘲弄和戏谑。但是，像有些人那样太拿这些当回事是不对的。正如阿里斯托芬所描述的，陪审官就像格罗特（Grote）所评述的那样，其实是“恣意和不公的怪物”，而不是剧中诗人乐于尊敬的马拉松式英雄。没有哪个自由社会能容忍这种对司法制度的讽刺性描绘。该剧获奖（二等奖）的事实表明，观众并没有将其视为对民主司法的攻击。当然，如果同意罗杰斯（Rogers）的 87
观点，认为阿里斯托芬的内心根本没有意识到陪审制度的各种缺陷那就太过分了。没有哪个有思想的人会对它们熟视无睹，

不过他可能会对提出与维护民主制度相一致的充分改革感到困惑。伊索克拉底写的是在公元前 4 世纪中叶,他提倡回归梭伦和克里斯提尼的民主制。关于司法他是这么说的:

> 昔日断讼,遇到收回欠款的案件,他们遵守法律,不偏袒债务人,对那些企图逃避支付的人比受害者本人更为愤慨,因为他们相信当借款的信心被摧毁时,受到伤害的是穷人而非富人。

这些话的意思是,在公元前 4 世纪的陪审法庭,用苏格拉底的话来说,“把施舍正义作为一种恩惠”(handed out justice as a favor)。“如果法官不心怀正义,再繁多复杂的法律也无济于事。”伊索克拉底的补救方法是正确的教育加上战神山议事会的严格监督,以及细微的宪法修改。我们在柏拉图的作品中也可以发现许多批评和建议。在《理想国》中,他虽然没有构建出一个理想的司法体系,但他指出:“好公民自己会发现那些必要的规定,它们涉及集市的业务,与工匠的讨价还价和订立合同,侮辱和伤害,以及审理案件的顺序和法官任命的方式。”他明确指出,法官必须是一名专家。“在这个城邦,仅在
88 这个城邦,一个鞋匠应是一个鞋匠,而不能同时是一个引航员;一个农夫是一个农夫,而不能同时是一个陪审官。”

在《法律篇》这部比《理想国》更务实的作品中,柏拉图接受了通常的希腊式观点:

> 每个地方行政官同时也一定是某些事项上的法官……人民应当参加叛国罪的判决,因为当有人对国家作恶时他

> 们也都受屈了。倘若他们不被允许参与裁决,则可以合理地控诉……而且,在私人诉讼中,所有人也都应参加,因为不让参加司法活动的人倾向于认为自己根本没有分享国是。正因如此每个部族(ward)都应成立法庭,法官则应通过抽签的方式选出……在法庭像剧院那般嘈杂凌乱,叫喊和鼓掌伴随着这个或那个演说家此起彼伏的地方,立法者应当允许它们对即使最轻微的犯罪也宣布刑罚。

他当时心中想到的无疑是雅典那些嘈杂凌乱的法庭。《申辩篇》中的苏格拉底提议,在可能判死刑的案件中,应当多分配一些时间给审理过程,即便只有几天。在他自己的案件中,他发现他所能支配的时间远远不足以在某些极为重要问题上说服陪审官。他还反对将妇女和儿童带上法庭而通过他们泪流满面的表情和沮丧的样子打动陪审员的做法。但是,这些改革和类似的改革都只是治标不治本。只要民主制不愿将司法权委托给那些受过训练、适于行使司法权的人,就不可能有真正的改进。

那些公开承认反对民主的人的态度是毋庸置疑的。托名色诺芬说:“坏人在民主制下比在寡头制下更容易逃避惩罚。”[3]“雅典人在自己的法庭上更关心什么对自己有利而非什么是公正的。”说起法庭的案件积压他似有千言万语。或许可以通过提供更小、更多的审判小组的方式予以某种缓解。但是,这种改革措施被否决了,因为它将助长贿赂。 89

〔3〕 这是一部以批判的、辛辣的口吻讨论雅典宪制的政治小册子,它被错误地认为是色诺芬所写。它通常被引用为托名色诺芬的作品,由戴金斯(Dakyns)英译。

> 除了稍微在这里增一点而在那里减一点之外，要让事情与当前相比有根本的改观是不可能的……任何不破坏民主制本身的重大修改都是不可能的。毫无疑问，我们可以发现许多能改进宪制的权宜之计，但是，如果问题是找到某些改进宪制的合适手段而同时又要保持民主制完好无损，我认为这并不容易做到，除非像我刚才所说的那样在这里或那里做些微不足道的增加或减少。

这段话的重要特征是：批判者坚信民主司法无法以任何令人满意的方式改进，民主制本身应当被废除。他以直率的愤世嫉俗的方式承认民主制有权为其支持者谋取利益。他同样乐于维护寡头制代表上层阶级司法利益的权利。

按照现代的标准，雅典的司法体系完全符合罗杰斯的指责。他说：

> 作为一名英国律师，我必须记下自己的观点，即很难设计出一个更不适合正当司法的司法制度。一个大型议会即使曾经组成过也极少能组成一个适合查清事实或裁
> 90 决法律问题的法庭。它的成员在很大程度上失去了自己的个人责任感，很容易退化为一群纯粹的暴民，受到方方面面的影响，且容易被所有煽动大众会议的激情所左右。[4]

但是，我们不应以现代的标准去评判雅典的司法制度。因

〔4〕 阿里斯托芬的《马蜂》导读。

为正如格罗特提醒我们的那样："行政权和司法权之间的区别，自从上个世纪的政治思辨以来，已在现代欧洲较为精细的政体之中得到高度珍视，但在雅典的早期历史中却几乎不为人所知。"〔5〕格罗特接着指出，陪审法庭很可能比单个法官更令人满意。

> 直到最近的一段历史时期之前，在任何地方想让有钱有势者实际的服膺司法制度都是如此的困难，以至于我们应当对它不是出现在希腊而感到惊讶……然而，那些陪审法官既难以被腐败也不受恐吓：他们人数众多、采取匿名投票以及事先不可能知道哪些人将审理某个特定的案件，这既预防了腐败也避免了恐吓。而且除此之外，他们的人数之多（按照我们对司法事务的观念是奢侈的）也是这种保护效果所必不可少的要求：正如我们从一个事实中看到的，即在重大案件中陪审员的数目增加到两倍或三倍，它在更大程度上会使审判变得庄严肃穆，并且使裁决在双方当事人和旁观者的心目中更有威慑力。在这些公民之中很多是穷人，有些是老人，单独的每个人都会被诉至他们面前的富有被告所鄙视，因此对于公民大会来说，人数之外的任何其他手段都不可能赋予其尊严……这些数量庞大的陪审法庭提供了希腊政治理论所能设计的唯一机构，以便矫正那些强大的罪犯（既包括公共诉讼也包括私人诉讼），并获得一个真诚而又公正的裁决。 91

〔5〕《希腊史》，第5章第237页以下。

这是一个完全合理的观点。但是,当格罗特对雅典陪审法庭和英国陪审团进行一个脍炙人口的对比时,他对民主制度这种讴歌就走得太远了。如果因为其具有与英国制度的某些共同特征,就完全赞同雅典的陪审制,这跟因为美国制度在某种程度上复刻了雅典制度的某些最坏的特征就毫无保留地谴责美国制度一样,都是不合理的。[6]

战神山议事会主要审理杀人案件,它受到了全体雅典人的高度尊重。吕库古说,"到目前为止,它比其他法庭更优越","甚至那些被它定罪的人也不会质疑它的正义性"。就连苏格拉底也不忘称赞它。在《回忆苏格拉底》(*Memoirs of Socrates*)中,色诺芬记录了苏格拉底与年轻的伯里克利的一场关于雅典城邦的对谈。伯里克利当时刚刚当选为将军,他极其悲观,批评了雅典人好讼以及缺乏对权威的尊重。苏格拉底考虑到战神山议事会议员都是那些任期届满光荣退休的前地方行政官,于是询问道:

> 难道战神山议事会不是由那些已经被检验和认可的人组成的吗?
>
> 确实是的,苏格拉底。
>
> 那么,你知道有任何判决更优秀、更与法律规定一致、更受尊敬或更正义的法官吗?

92 伯里克利承认他对战神山议事会无可挑剔。德摩斯梯尼说,"它是唯一的法庭","无论是专制还是寡头制抑或民主制,

[6] Lofberg, "Trial by Jury in Athens and America," *Classical Journal*, XVIII, 3 ff.

都不曾冒险干预过它对杀人案件的管辖权”。显然，柏拉图没有对作为一个法庭的战神山议事会吹毛求疵，因为他在《法律篇》中提议设立一个法庭，以同样的方式招募人员审理可能判处死刑的案件。“在死刑案件中，让法官成为法律的卫士，根据往年地方行政官的功绩遴选法庭。”

司法误判的主要原因要么是因为宽和，要么是因为严苛。前一种错误更为常见，从长远来看也更为严重。对一个无辜的人犯下无法弥补的错误会即刻引发公众舆论，但公众舆论却在面对执法不严时表现得无动于衷，哪怕这种执法不严使那些罪恶昭彰的罪人逃脱惩罚。正如我们所看到的，伊索克拉底和托名色诺芬都指责雅典人过于宽和。在这方面我们应该记住，当时没有君主或总统授予赦免。在现代国家，法院仅受法律和事实指引，相信如果有任何正当的宽大理由，它们都会引起赦免权的注意。事实上，陪审团经常会在有罪判决中加入宽大处理的建议。在雅典，如果需要宽大处理，则必须由法院本身授予。在这种条件下，宣告无罪的裁决实际上就是一个赦免。出于这一考虑，雅典陪审员的怜悯和同情具有了某种正当根据。很难 93
在文献中找到不正当的宽大处理的具体例证，这是很自然的。倘若一个罪犯被允许逃脱罪责，那么这种罪责绝非像一个被错误地定罪的人的无辜那样容易证明和证实。阿里斯托芬总是不厌其烦地把陪审员描绘为严厉的和严酷的形象，他在《马蜂》中援引了一个案例，其中被告通过声称自己在25年前给雅典人报过信，揭发过一个附属城邦反叛，而赢得了无罪宣告。可以举出很多由于激情和偏见而导致司法错判的恶名昭彰的例证。苏格拉底的案子立刻就会作为一个臭名昭著的司法错判的例子出现在这里，正如柏拉图所声称的那样，它是由于污蔑和嫉妒而导致的。但是,苏格拉底的殉道是独一无二的。雅典有许多哲学家和诡辩家来来往往,畅通无阻。

雅典没有上诉法院来审查初审法院的裁决结果并更正错误,但是有一项法律规定,倘若控告者欺骗了公民大会、议会或陪审法庭里的人,他本人要承担责任。当然,这样的法律只能在最恶名昭彰的案件中得到援引。根据这条法律,那些在阿吉努塞(Arginusae)海战后起诉被处死的将军们的人都受到了惩罚。[7]

公元前5世纪雅典的刑罚比现代社会的更加严厉。但是,
94 英格兰一百多年前的刑罚可与之一比,在那里法律就像德拉古所立的一样常常是用鲜血写就的。[8] 雅典的刑罚在有些方面似乎是异常宽松和无效的。在现代社会,放逐和剥夺(部分或全部)公民权,都是罕见的惩罚形式,在雅典却十分常见。它们在某种程度上取代了古代极少使用的监禁刑。放逐一个罪犯比以公共开支无限期地监禁他更容易。在现代社会,放逐并不像在古代世界那样是一种多么严厉的惩罚,因为在古代世界外邦人不会获得现在这样的待遇。同样地,现今罪犯也会对将失去公民权作为惩罚嗤之以鼻,因为目前行使自己政治权利的公民比例低得惊人。没收财产在雅典是很常见的一种惩罚形式,它会给罪犯的家属带来负担,现在实际上已经消失了。最大的观点分歧出现在死刑问题上,死刑在古代极易判处。但是,我们是否在尊重人命的神圣性和关怀罪犯的福利上并没有走得太远,这仍是一个问题。在雅典,草菅人命的典型代表是

---

〔7〕 See Trianl of the Generals, p. 245 ff.

〔8〕 "19世纪初超过两百起案件判处了死刑,不过许多都被废止了"(*A Century of Law Reforms*, p. 46)。

德拉古的立法,它们为最微不足道的罪行规定了死刑。但是,民主制的兴起扭转了局面。由于德拉古立法的严厉性,杀人罪以外的部分都被梭伦废除了。德玛德斯的格言“这些著名的法律是用鲜血写就的”,表明后世从未忘记它们的严酷性。

尽管雅典的制度和我们自身的制度之间在常规和程序以
及法庭组织方面存在非常明显的差异,但雅典比美国更有可能 95
将罪犯绳之以法。在民事诉讼中,似乎没有理由怀疑大多数诉讼当事人都获得了实质正义。伯里克利在葬礼演说中提到:“我们甘愿服从那些具有权威的人们,以及法律,尤其是那些为了援助受压迫者而被制定下来的法律……在法律面前,所有人在解决私人纠纷方面都是平等的。”

第六章　雅典人的好讼性

96

雅典人的好讼是出了名的。阿里斯托芬总是不厌其烦地戏谑雅典人对诉讼的热衷。在《和平》(*Peace*)这部喜剧中,和平主义者特雷格乌斯(Trygaeus)说:"你们雅典人除了审案不干别的。"在《云》(*Clouds*)这部喜剧中,当有人在希腊地图(这在公元前5世纪是新鲜物件)上向斯瑞西阿得斯(Strepsiades)指出雅典时,他大叫起来:"我不相信它,因为我没看到陪审团坐在那里。"在喜剧《鸟》中,欧厄尔庇得斯(Euelpides)说,"蚱蜢一两个月才在枝头上喳喳叫一次","而我们雅典人终生都在为他们的诉讼叽叽喳喳"。雅典帝国的敌人很快抓住了雅典人要求他们的臣属盟友将相当一部分诉讼带到雅典城去的这一点,以此作为雅典人喜爱诉讼的证据。在伯罗奔尼撒战争前夕,雅典的辩护者在斯巴达公民大会上煞费苦心地指出,这种名声是完全不应该的。但是,他的说法并没有什么说服力。人们普遍认为雅典的诉讼数量过多。除了在节日庆祝或执行重要的军事行动期间,那里的法庭几乎一直都在开庭。一名陪审员似乎可以通过提供陪审服务获得一笔不高但却相当稳定的收入,只要我们可以把每天 3 奥波尔[1]称为一笔收入。

这种情况的出现在很大程度上是由于现代社会无可比 97
拟的各种条件,而非因为当时雅典人表现出来的不同寻常的争吵或犯罪行为。人民通过大众法庭这一中介对他们的地方行政官进行着严密的控制,其手段有:(1)在他们履新之前的察举(*δοκιμασία*);(2)在任职期间对他们的职务行为进行定期审查(*επιΧειροτονία*);(3)在他们离职时进行严格审计(*εϋθυνα*)。每个地方行政官或参议员的候选人都被要求证明自己有资格担任该职务。资格(Eligibility)取决于三代公民血统、拥有家族祖坟、孝敬父母、遵守特定的宗教崇拜和适当履行军事职责。在察举进行之际,任何公民都有机会对地方行政官的候选人提出异议。如果出现了一个控告人,那么就要依法举行一场常规的审理,这位候选人的整个职业生涯都将受到审查。这是因为在这些情况下,对无关性的微弱的限制被放宽了。不同意的裁决会排除被告任职的可能性。在这一年中,如果公民大会投票认为地方行政官没有令人满意地履行其职责,他们将有十次被罢免的可能。倘若公民大会认为事情严重,任何公民都有权借机提出具体的指控,并在法庭上对他们施压。同时,地方行政官会被停职。离职时所有官员都会被要求向审计委员会提交记录。如果他们的账目上出现任何亏空,都势必

---

[1] 大约 10 美分。

98 招致起诉和审判。此外,任何心怀不满想要起诉一位官员渎职的公民都有充足的机会。当然,在许多情况下,这些形形色色的质询多少都有些敷衍,但职业控告人(讼棍)或者一个私敌或政敌的出现却可能在任何时候导致诉讼。控告人在推进他们的案件时有着广泛的自由,这会鼓励利害相关人提起毫无根据或者甚至毫无道理的指控。由于存在职务轮岗制度,每年都有几百名官员和参议员的人员变动。结果是,数量庞大的不能归入罪犯阶层的人承担着被卷入诉讼的风险,这在现代制度中是闻所未闻的。

雅典的立法过程包含着陪审员群体的付出。公民大会每年都会考虑一次接受修改法律的建议的可行性。如果投票结果是赞成,那么所有关于修改的建议与要被废除或修订的法律都会被张贴在集市上,并由公民大会书记官进行归档,他会在随后的两次会议上宣读它们。然后,公民大会通过抽签的方式选出一个被称为立法委员会(nomothetes 或 *νομοθεται*)的组织。它的人数各不相同,五百人委员会和一千人委员会都有记载。诉讼程序与普通法庭相同。委员们的责任是听取新法律或修正案提出者的意见,听取五位被任命为法律进行辩护的公共辩护人的意见,以及听取任何一位愿意为任何一方发言的公
99 民的意见。所涉争议由多数票决定。在新法律通过后的一年内,动议者可能因违宪立法而受到起诉和惩罚。违宪的原因可能在于立法的性质或者是没有遵守法律所规定的程序。刑罚由陪审团评定,而且有可能会很严厉。一年期限届满后,动议者无须承担个人责任,但所立法律本身随时可能受到攻击。立法过程是一个丰富的诉讼来源。对违宪立法的起诉是公元前 4 世纪最受欢迎的政治武器。诉讼是政治的“侍女”。据说,阿

里斯托芬这位与德摩斯梯尼同时代的杰出政治家曾吹嘘自己因为违反宪法的措施被起诉过七十次。在现代国家，嫉妒和仇恨会在定期选举中被表现出来。在雅典，行使实权的是职业政客而非通过抽签方式选举产生的地方行政官。这些政治审判为民众表达对杰出政治家的信任或不信任提供了良机。这是因为，陪审团实际上是公民大会的一个委员会，它的裁决几乎就像公民大会投票本身一样，是大众感情的直接表达。

指控究竟是什么并不重要。陪审员决定的是被告是否还值得人民信任。留给控告人的广泛自由使他可以审查一个政客的全部生活，无论公共生活还是私人生活。这类审判为让一个公众人物的所有敌人介入进来共同促使他的垮台提供了 100
契机。[2]

在严重的政治斗争中，人们采取了大规模的起诉方式。因此，公元前 462 年，埃菲亚提斯（Ephialtes）准备攻击战神山议事会的政治职能，他提出了一系列的控告，旨在败坏那些较为杰出的战神山议事会议员的名声，并且打算通过这种方式在民主制领袖猛攻战神山议事会这个政治特权和反动势力的最后堡垒时，削弱任何反对他们计划的力量。公元前 411 年，寡头制阴谋家也企图通过或多或少有计划地控告官员贪污的方式来败坏民主制的名声。寡头制的主要领导人、杰出的律师安提丰担任起诉人的律师。同样在公元前 404 年，革命家通过对其最得力的领导人的谴责，有效地平息了民众的反对。[3] 德摩斯梯尼的敌人在竭力从政治上打倒他的过程中对法庭运用自

---

〔2〕 Headlam, *Election by Lot*, p. 35 ff.

〔3〕 Calhoun, *Athenian Clubs in Politics and Litigation*, p. 105.

如。他的一篇演讲中曾记载了他们以下的阴谋诡计:

> 后来,当那些一心想加害我的人在一起密谋,对我提起控告、审计、弹劾和其他一切指控时,起初并不是以他们本人的名义,而是以他们设想中能够最有效地掩藏他们自己的名义[因为你们肯定知道并记得,最初那段时间我每天都被传讯,索西克勒斯(Sosicles)的拼命、菲洛克拉底(Philocrates)的恶意、迪昂达斯(Diondas)和米兰特斯(Melantes)的疯狂还有任何其他的事情统统都被他们用来对付我],在所有这些情况下,我之所以能活下来,首先
> 101 主要是诸神保佑,其次是仰仗你们……针对那些弹劾,当你们宣告我无罪,并且没有给控告者五分之一的判决票时,你们宣布我的政策是最佳的;你们针对那些起诉书宣告我无罪,说明我的动议和辩护是合法的,通过你们对我的陈述的认可,你们承认我的整个行为都是真诚的和廉洁的。

把诉讼用作政治武器,这在柏拉图的《理想国》中也被认为是完全正常的。始于民主制终于僭主制的动乱首先导致了“相互之间检举揭发、审问判决,充当着人民保护者并控制着民众的未来僭主,不可抑制地要使族人流血;他最喜欢用诬告的方法让他们法庭受审,然后谋害人命”。

雅典税收制度有一个独特的特征,它有时会引发现代社会闻所未闻的诉讼类型。较为富裕的公民被要求为城邦提供特定的服务,可以称之为“礼拜仪式”(liturgies),这需要相当大的一笔费用。这些服务中比较重要的部分是三层桨战船司令

官的职务(trierarchy),它涉及在一段时期内对一艘服役的战船的维护;合唱团指挥职务(*choregia*)为一个定期举行的节日训练合唱团;以及体育训练司理(*gymnasiarchia*)给参加某些节日庆祝的火炬比赛选手支付费用。在挑选公民进行这些服务时采用轮换制,但是倘若有人认为要求他承担某个"礼拜仪式"是错误的,那么他可以选某个他认为可以较为公平地挑起这个重担的人,同时向这个人发出挑战:要么履行它,要么与自己交换财产从而由自己来履行它。如果这两项建议都被拒绝了,那 102
么该事项就将提交法院,由法院决定究竟应由哪一方来承担这项负担。这一法律程序其实就是交互诉讼,它被称为交换财产(*αντίδοσίς*)。德摩斯梯尼的监护人曾代表他接受了财产交换,他出面干预并履行了"礼拜仪式"。伊索克拉底唯一一次被卷入的诉讼就是一起交换财产的诉讼,它涉及分配给他承担的维修三层桨战船的任务。案件最终判决他败诉。

大量的诉讼源于雅典帝国的海外领地。在雅典的领导下,在萨拉米斯和普拉塔亚战役取得胜利后,希腊的岛屿城邦和爱琴海沿岸的城邦形成了一个联盟,以保障它们的独立和不受波斯的侵略。到公元前 5 世纪中叶,在两百五十多个结盟城邦中,只有 3 个尚未失去独立。提洛联盟已经成为一个雅典帝国。附属城邦的司法独立性被极大地削弱了,陪审法庭为雅典政府提供了一种方便的手段,可以对这些偏远的城邦实施有效的控制。雅典面临的主要危险源于反对雅典帝国主义的寡头制少数派的阴谋。托名色诺芬在公元前 424 年帝国仍然完好无损时写道,雅典人"安坐于家,不用派遣船只,就让盟国的城邦尽在他们控制之下。他们在法庭上维护民主制的朋友,并摧毁那些反对它的人,而如果有几个城邦能够在自己的城邦中主

103 持正义，那么在它们敌视雅典时，它们也会消灭自己的那些最支持雅典民主派的同胞”。正是由于这些原因，附属城邦的所有涉及死刑、放逐或褫夺公民权的案件都要提交给雅典法庭。在民事诉讼中，地方管辖权也仅限于不那么重要的案件。[4]

我们甚至无法估计源于附属城邦的雅典诉讼的大致比例。托名色诺芬在列举该制度对雅典所产生的各种好处时评论说，诉讼费的增加使雅典人能够全年领取陪审团报酬。同样，他还指出了附属城邦的人员逗留雅典所支付的港务费，房屋、奴隶和车辆租金以及庭吏和传令官费用方面的附带好处。尽管由于作者具有明显的对寡头制的同情而有所夸大，但这种情况似乎仍然可以表明海外诉讼的数量极为庞大。这个结论被伊索克拉底对雅典帝国主义这一特征的控诉充分证实了。“讼棍通过激怒盟友，构陷他们，并剥夺他们中最优秀的人的财产，成功地将他们的心态变成了：他们欣然反叛我们，接受斯巴达人提供的友谊和联盟。”如果此言非虚，那么我们对于从修昔底德那里了解到的，雅典人好讼的广泛名声在很大程度上是由于雅典对其盟国的司法控制，也就无须惊讶了。

104 与现代的成文法相比，雅典的法律制定得并不完善。法律文本的许多单词和短语都含义不明，而且难以适用。在英国和美国的法律体系中，一条法律的含义和适用范围最终会通过司法裁决予以权威界定。但是在雅典，一个法院的裁决对另一个法院没有约束力，每个陪审团都以其认为合适的方式解释和适用法律。雅典司法系统的这一不寻常的特征无疑导致了许多现代司法系统可以避免的诉讼。在谈到梭伦的法律时，亚里士

---

〔4〕 Robertson, *Administration of Justice in the Athenian Empire*.

多德评论道："由于那些法律不是用简单明了的语言起草的，而是像关于继承和监护的法律一样，争议无可避免，无论公共案件还是私人案件，法院都必须逐案裁决。"因此，人们普遍认为，梭伦故意使这些法律不明确，以增加平民法庭的权力，因为他认为平民法庭是民主的堡垒之一。然而，亚里士多德本人却将法律中的模糊性归咎于"以一般性语言制定法律时难以臻至完美"。在"三十僭主"的早期措施中就有法律改革的尝试，他们废除了梭伦法律中的模糊部分，修改了其他部分。例如，他们允许立遗嘱人随意遗赠自己的财产，废除了在精神错乱、年老或受到不适当的女性影响的情况下的既有限制，以便不给讼棍留下任何机会。遗嘱是一个丰富的诉讼来源。陪审团的难以预测，加上遗嘱可以轻易伪造，这些都助长了欺诈性主张。105
阿里斯托芬《马蜂》中的老陪审员菲罗克勒翁呼喊说："如果有父亲在临终时遗赠给自己女儿一笔嫁妆，把她许配给某人，我们就让那封着庄严封印的遗嘱见鬼去吧，然后把女继承人许配给一个能讨我们喜欢的人。"现存法庭演说中出现的案例表明，这并非空穴来风。伊塞优斯的第五篇演说涉及一份遗产，一个年轻人要求继承三分之一的份额，因为他是一名通过遗嘱收养的儿子。其他亲属都默认了。十二年后，他又炮制了另一份遗嘱，要求把全部遗产都给自己。法庭支持了这份遗嘱，亲属们被迫放弃了根据先前遗嘱分配给他们的份额。时隔近十年后，第二份遗嘱在法庭上被成功地打破了，遗产则根据第一份遗嘱的条款得到了重新分配。人们在编造对遗产的貌似合理的主张上才智非凡，伊塞优斯的一篇演说绘声绘色地描述了对一个叫尼科斯特拉图斯（Nicostratus）的人的遗产侵夺，这个人在连续失踪十一年后客死异乡。

> 当那两塔伦特来自海滨之地时,谁不剪发戴孝呢?谁不着黑衣希望通过自己表现出的悲伤来继承这些钱呢?一群亲戚和遗嘱收养的继子们作为尼科斯特拉图斯遗产的继承人出现了!德摩斯梯尼自称是他的叔叔,但当他被我的当事人揭穿时,他断了念想。特勒弗斯(Telephus)声称尼科斯特拉图斯已经把他的全部财产都遗赠给了自己。不过他也很快就放弃了自己的主张。阿米尼亚德斯(Ameiniades)带着死者的一个三岁大的儿子出现在执政官面前,不过尼科斯特拉图斯不在雅典已经十一年多了。兰普德拉的皮洛士(Pyrrhus of Lamptrae)说尼科斯特拉图
> 106 斯已经把自己的财产献给了雅典娜,并将其任命为受托人。贝萨的克特西亚斯(Ctesias of Besa)和克拉劳斯(Cranaus)先是说,他们有一份要求尼科斯特拉图斯支付1塔伦特的判决,但他们却没有证实自己声称的尼科斯特拉图斯是他们的自由人的断言。就是这些人一起扑向了尼科斯特拉图斯的遗产。这时查里亚德斯(Chariades)还没有作为原告出现,但不一会儿他就出现了,不仅为自己主张财产,还把他自己情妇的一个儿子强加给尼科斯特拉图斯,希望他能继承财产,即使没能继承也要使这个孩子成为公民。但是,他也意识到自己可能无法证明这种关系,于是代表那个男孩放弃了争夺,以自己的名义作为受遗赠人提起了诉讼。

雅典关于遗产继承的法律中有一项独特的条款,它导致了大量原可以避免的诉讼。当一名男子去世并绝户时,所有要求继承遗产的人都会收到公告通知,要求他们到执政官那里对冲

突的主张进行裁决。执政官主持下的法庭所做出的裁决只对出庭的人和所提起的争议具有最终效力，但如果有伪证的证据，则有权要求重新审判。

在胜诉的原告生前或他死后的五年时间内，新的要求继承遗产的人随时可能出现。在此期间，未胜诉的要求继承遗产的人或他们的继承人也可以通过改变他们主张的依据来重启案件。例如，以一份遗嘱为依据的原告可能会作为近亲属重新争夺遗产。这是一条直到胜诉的继承人去世五年后才开始生效的非常奇特的时效法（statutes of limitations），它的效果在哈格尼亚斯（Hagnias）的遗产诉讼中清晰地体现出来，哈格尼亚斯是巴赛列（Buselidae）家庭的一员，这是一个人丁兴旺、富甲一方的家族。我们的信息来自伊塞优斯的一篇演说和德摩斯梯 107
尼的另一篇演说。因此，一个有幸留存下来的偶然事件使我们得以从针锋相对的双方当事人的角度来观察诉讼程序。如果要追踪这场诉讼的细节未免过于乏味，不过它们对于理解雅典遗嘱检验法庭的反复无常却颇有助益。只说一点就够了：进行了五次诉讼，跨越了近二十年的时间，才最终处理了这份遗产。

针对一个正在占有遗产的人提起诉讼的原告，必须交一笔相当于该遗产预估价值十分之一的数额的押金，假如未能获得五分之一的判决票，那么这笔存款将被国家没收。这项规定肯定让许多贪婪的亲属犹豫不决。但是，偶尔也会有几个要求继承遗产的人把他们的利益集中到一起，协助他们中的一个人为自己主张继承遗产，同时就他会与其他人分享遗产达成一致。有两起记录在案的案例就是根据这类协定提起的诉讼。

现代法律体系中的大量诉讼都是由于民事和刑事案件有着充足的上诉规定。雅典人通过规定每一个法庭都是终审法庭从源头上避免了这种诉讼的泛滥。但是，对一名或多名证人的伪证证据进行重新审理的规定，也造成了数量庞大的诉讼。无论如何，那时对伪证的审判要比现代频繁得多。这些审判有
108 一个特点就是原告通常对原案进行重新辩论，以期影响新的陪审员做出不利于受审证人的判决。但是，除了伪证诉讼外，在执行裁决方面也有充足的机会进行新的诉讼。在民事诉讼中，胜诉的原告必须在没有官方援助的情况下自己采取措施来实现判决。假如在法律规定的期限届满后，被告仍未履行判决，原告有权扣押被告的个人财产或正式占有被告的不动产。倘若遇到抵抗，救济措施是提起收回不动产诉讼。因为试图执行判决而导致的个人发动或遭受的袭击和暴力伤害层出不穷，一个败诉的被告更有可能袭击原告，他可能会将原告而不是执行法庭判决的法律官员视为自己的私敌。

城邦执行刑事案件的判决。这里同样存在进一步诉讼的可能性。有一种常见的惩罚方法是全部或部分剥夺被定罪者的政治权利。例如，所有的公共债务人（public debtors）都在事实上（*ipso facto*）被褫夺了公民权。在私人诉讼中，拖欠债务的债务人（delinquent debtors）最终会沦为公共债务人。安多基德斯提到了其中一部分无行为能力（partial disabilities）的情况，以显示它们有多么的不同。这份清单包括剥夺在公民大会上的发言、担任议员、提起公诉、进入市场、乘船前往赫勒斯庞特河的权利。无行为能力的人数是相当多的，这可以从在遇到重大国家危机之际赦免他们的做法中推断出来。试图强制执
109 行所有这些限制一定是一项艰巨的任务，试图逃避它们的诱惑无疑是巨大的。执意行使被禁止的权利的人可以被任何公民即刻拿捕归案并押解至官府（$\alpha\pi\alpha\gamma\omega\gamma\eta$）和起诉。这里确实是

讼棍和被褫夺了公民权的被告的私敌滋生的沃土。

梭伦允许任何公民起诉公犯的法律规定极大地增加了参与诉讼的人数,因为本来由少数官员履行的职责却被分配给了许多公民。此外,这项制度有意培养起诉人和被告好讼的精神。一个自愿选择担任起诉人的公民比一个无忧无惧或无欲无求地履行自己职责的官员,更加可能激起被告的怨恨,从而招致报复。因此,即使起诉人一开始没有遭到敌视,后来出于自卫而被迫提起进一步诉讼的情况也屡见不鲜。在这种情况下,诉讼往往沦为仅仅是对私敌进行惩罚的工具。在每一轮诉讼中,人们都会遇见这些积怨的痕迹。我们发现,安提丰在一篇据推测属于典型的执业演说中,把一起谋杀案归咎于诉讼的积怨,这颇有价值。

> 有谁比那个已经在死者的手中遭受很多痛苦并且预计还会遭受更多的人,更加可能进行攻击呢?这个人就是被告。他是死者的宿敌,而且在许多严重指控上他都没有成功,自己却在更加严重的指控上被定罪,丧失了大量的财产。最近他被起诉偷了 2 塔伦特的圣钱。他意识到自己有罪,知道自己对手的实力,且对他已经经历的惩罚而 110
> 感到难受,因此他为了自卫杀死了自己的敌人,这是很自然的事情。

这起假设的案件没有被过分夸大,这从吕西亚斯的一名因谋杀自己妻子的情夫而受审的当事人的发言中可窥一斑。他一一列举并逐条反驳了可能引发他实施犯罪的各种动机。“死者既没有缠讼于我,也没有试图将我逐出城邦;他既没有使我卷入与他的民事诉讼,也没有发现我所犯下的任何罪行从而导致我因为担心他可能揭发我而想要杀死他。”

诉讼渗透到整个公民群体之中的程度是现代社会无法比拟的。不计其数的活跃的政治家,每年更换的数以百计的政府官员和议员,以及所有较为富庶的公民,都不断受到个人和政敌以及职业控告人的攻击。当机会出现时,这些人自然会进行报复。由此好讼精神就被培养起来,普通公民也越来越容易卷入诉讼。由于雅典人普遍参与诉讼,因此他们无论是作为当事人还是作为陪审员,都对法律程序十分熟悉。事实上,他们是一个律师的国度。阿里斯托芬喜剧的每一个读者都必定会被那些不断提及的诉讼细节所打动,这些细节非常清楚地揭示了普通雅典人对法律程序的熟悉程度。其中有一出喜剧《马蜂》
111 完全是在批评司法制度,而在他的其他喜剧中,如果没有一定的法律知识,许多笑话就毫无意义。《妇女议会》(*The Parliament of Women*)这出喜剧中有一个很好的例证。雅典的妇女通过诡计控制了整个城邦,并引入了一种包括试婚(trial marriages)在内的拙劣地模仿共产主义的制度。在新制度下,伴侣的第一选择可以是任何性别的最亲切的人。一个希望规避法律的年轻英俊男子向一个迷人的年轻女子求爱,但他被两个老妪拦住了,她们各自声称自己更老和更丑。在绝望中,这个年轻人打算采取各种权宜之计来摆脱困境。他首先打算让一个朋友帮忙申请人身保护令(habeas corpus)。当这一点被拒绝后,他接着以无行为能力为由而请求豁免,或者以自己是一名商人,必须在航行季节处理业务为由请求案件延期审理。接着,他提出为他随后的出庭提供保释金和担保。最后,他声称自己的案件属于卡诺努斯(Canonus)法令规定的范围,该法令是司法安全的基石之一。假设观众对法律程序不够熟悉，从而无法理解这里所提出的各种补救措施的错误使用，那么这一幕是完全会出现的。要充分理解这一幕的意义，我们只需要想象一下现代剧场的观众对一幕由保释金、担保、禁令、防止欺诈法和《大宪章》滥用构成的幽默的态度。

有了所有这些诉讼的机会和场合，法院的人满为患也就不足为奇了。不可能不是这样的。托名色诺芬抱怨道： 112

> 一个人即使坐等整整一年，也无法与议员或人民办结一起事务，这种情况时有发生。这种情况之所以发生在雅典，原因无他，只因为事务繁多，他们无法完成手头上的所有事务，打发掉那些申请人。考虑到在整个古希腊，他们要庆祝的节日比任何其他国家都要多，他们怎么可能做到呢？事实上，这些节日的数量是任何其他国家的两倍。当然，在这些节日期间，办理任何城邦事务都是不可能的。其次，只需要考虑一下他们必须裁决的案件数量，包括私人诉讼、公共诉讼和地方行政官的账目审查，比其他人类加起来的部分还要多。以下是他们必须做出裁决的一些案件。有人不能装船：必须作出裁决。另一个人建造了一座侵占公共土地的建筑：还是必须作出裁决。或者还有另一类案件，必须对年复一年的酒神节、萨格莉娅节和泛雅典娜节的合唱团进行宣判。此外还有三层桨战船的司令官的事情，每年有 400 人要被任命，只要选择了这些人就必须年复一年地裁决他们的案件。但这还不是全部。还有各式各样的地方行政官需要审查、批准和进行取舍；有些孤儿的身份必须查清……每隔一段时间，就会有一些免

服和弃服兵役的情况需要裁决,或者涉及一些特别的轻罪、某种特殊性质的愤怒和暴力案件,或者某些对于不虔敬的指控。还有一连串其他的情况,这里就不一一列举了。

第七章　好讼雅典人的职业生涯

公元前4世纪一位好讼的雅典人所发表的法庭演说，因为与德摩斯梯尼的演说过于相似以至于被计入了《德摩斯梯尼全集》[1]之中。正是由于这一幸运情况的出现，一系列的文件得以保存下来，使我们有可能重构一个名叫阿波罗多鲁斯(Apollodorus)的公民的公共生活。阿波罗多鲁斯是钱庄掌柜帕西翁(Pasion)的儿子，没有取得特别的成就，因此难以将他的活动记录留存下来。他是一个相当有法庭才干却放浪形骸的人，他把从自己精明勤劳的父亲那里继承下来的大量财富挥霍在了浮华的公共服务、耗资巨大的诉讼 113

---

〔1〕 对德摩斯梯尼与阿波罗多鲁斯职业上关系的讨论，参见边码222。舍费尔(Schaeffer)在《德摩斯梯尼及其时代》(*Demosthenes und seine Zeit*，第1版附录)中认为阿波罗多鲁斯撰写了自己的演说。利普西乌斯不同意这种观点；参照桑迪思(Sandys)和帕利(Paley)，《德摩斯梯尼私人演说精选》(*Demosthenes' Select Private Orations*)，第2卷第39篇(第737页，脚注225)。

和满足昂贵的品位之上。他出身卑微，他的父亲帕西翁是阿切斯特亚图斯（Archestratus）的奴隶，是安提西尼斯（Antisthenes）和阿切斯特亚图斯钱庄的下级职员，并被雇为钱庄的会计。作为对他勤勉和忠诚的回报，他获得了自由，并且获得了外籍居留者的身价。最后，他因为自己为城邦提供的显著的财务服务而被接受入籍。即使是在入籍已变得更加寻常的公元前4世
114 纪，这也是一个巨大的荣耀。与此同时，他那时也已经成为一个生意兴隆的钱庄的唯一所有人，在整个地中海东部都有着广泛的财务关系和良好声誉。

钱庄掌柜在开展业务的过程中偶尔卷入诉讼这是很自然的事情。恰好伊索克拉底为一名起诉帕西翁追讨存款的当事人所写的一篇演说保存了下来。虽然这个案子与帕西翁的儿子阿波罗多鲁斯无关，但它仍然值得回顾，因为它展示了当时在诉讼中所使用的一些更无耻的手段。

本都王国王子萨提鲁斯（Satyrus）的一位宠臣的儿子想去外面的世界看看，经过询问后，他决定造访雅典。这趟行程既是玩乐也是生意，他带了两艘船，满是谷物和钱币。通过他的总代理和代表人皮托多鲁斯（Pythodorus），他被引荐给了帕西翁，并把钱存在了他的钱庄里。后来，他的父亲索佩乌斯（Sopaeus）失去了萨提鲁斯王子的宠信，遭到了逮捕。萨提鲁斯在雅典的代表人接到指示，要求逮捕这名年轻人并没收他的财产。当时他如坠深渊，求教于帕西翁，他信任帕西翁的正直和判断。他按照帕西翁的建议把自己的现金和其他个人财产交给了王子的代理人，不仅否认自己有任何存款，而且还坚称自己实际上背负着债务。他甚至让人假装成债权人在萨提鲁斯的使者面前向自己催债。他逃脱了迫在眉睫的逮捕，并打算把

自己的钱从钱庄取出来,乘船逃到拜占庭,那里是本都王国政 115
治难民最喜欢的去处。但令他吃惊的是,帕西翁矢口否认存款的事情,并拒绝付款。存款事项并不容易证明,钱庄收支总账和会计凭证是唯一可以获得的证据。而且,由于这个年轻人已被褫夺公民权,似乎也不可能起诉钱庄掌柜。但是,他父亲的命运迅速逆转,加上他又重获王子的青睐,这又使他有可能留在雅典。帕西翁预料到会诉诸法律,于是精心策划了一个驾轻就熟的计谋使他无招架之功。由于钱庄的会计是一个奴隶,名叫基图斯(Kittus),原告获得他的证词的唯一途径是向帕西翁提出挑战,让他交出基图斯以通过拷打对其进行讯问。帕西翁知道拒绝接受挑战将被解释为有罪的证据,于是他把这个奴隶藏匿了起来,并指控这个年轻人及其法定代表人梅内克塞努斯(Menexenus)绑架了他。帕西翁断言他们实施这一暴力行为的动机意在藏匿一个奴隶,通过与这个奴隶共谋他们可以从自己的钱庄诈取6塔伦特。结果,这个年轻人被带到地方行政官面前,被迫交了总计6塔伦特的保释金。但是,这次钱庄掌柜又失算了。梅内克塞努斯成功地找到了那个奴隶,并对钱庄掌柜提起了绑架罪虚假指控的损害赔偿诉讼。帕西翁应对这一
威胁的手段是提起了一个旨在争取基图斯自由的诉讼,理由是 116
基图斯是一个自由人,而非奴隶。实际上,这一程序类似于人身保护令。他通过保释成功地获得了基图斯的自由。最终,钱庄掌柜同意在本都支付这笔钱,以避免此事被公之于众。双方当事人签字画押,协议各执一份。但当协议在本都被打开时,当事人发现它不是一份付款协议,而是要免除对帕西翁的全部诉讼主张。尽管如此,这名年轻人还是起诉并追讨存款,他声称帕西翁贿赂了宣誓人,并替换了一份完全不同的文件。由于

笔迹证明很困难,而伪造印章又很容易,该指控很可能是真实的。

诉讼的结果不得而知。有些学者认为帕西翁胜诉了,其依据是钱庄掌柜依然值得信任且他在审判之后的一段时间被授予公民身份。有人认为,假如对于这类指控出现对他不利的裁决,他就会彻底完蛋。其他学者则认为,敲一个富有的外邦人的竹杠不会被视为一件严重的事情。我们可以不考虑这种观点,因为即使一个见利忘义的人嘲笑一个奴隶出身的人被抓到企图诈骗一个富人,也几乎没有人愿意把自己的钱托付给这样一个诡计多端、手法娴熟的无赖。原告本人在讲述自己与帕西翁先前的交易时,把他描述为那种"关系活络,管理着巨资,商界人士的身份已为他们赢得了普遍信任"的钱庄掌柜之一。这个年轻人也并不像他想让陪审团相信的那样无辜和缺乏经
117 验,这从他无意间透露的一件事情上可以明显看出来:他有一次差点因违反与敌人贸易的禁令而被议会未经审判处死。但是,无论这些指控是真是假,法庭被要求相信它们的事实表明,一个足智多谋和不择手段的雅典诉讼当事人可以用各式各样的计谋欺骗对手,破坏司法公正。

由于年老体衰,帕西翁退出了商界。钱庄和制盾厂都租给了他信任的店员佛尔米奥(Phormio),他和他的雇主一样,曾经是一个奴隶,后来因为诚实服务的奖赏而获得了自由。不久之后帕西翁去世了,留下了他的遗孀,名叫阿奇佩(Archippe),还有两个儿子,24 岁的阿波罗多鲁斯和 10 岁的帕西克勒斯。遗嘱规定阿奇佩应该带着丰厚的嫁妆嫁给佛尔米奥。佛尔米奥继续租赁钱庄,直至他作为监护人的那个较为年幼的儿子成年。在租约结束后,佛尔米奥开始自己经营钱庄业务,并取得

了相当大的成功。

阿波罗多鲁斯的诉讼分为三类:(1)追讨欠他父亲遗产的钱的诉讼,或者保护他自己免受他认为的对遗产毫无根据的追索诉讼;(2)与他继父佛尔米奥的诉讼,起因是钱庄和制盾厂的租赁和对他母亲的财产处置;(3)杂项诉讼。

阿波罗多鲁斯对自己身为一名入籍公民感到自豪,并且极为渴望尽到自己的全部公民责任,他不仅要承担昂贵的礼拜仪 118 式[2],而且要将罪犯绳之以法。在阿波罗多鲁斯诉佛尔米奥(*Apollodorus v. Phormio*)案中,被告说道:"谁不知道你接连不断地参加诉讼?你不仅起诉与此同样重要的私诉,而且要捏造公诉,让人们接受审判。"他的另一个对手则对陪审团说:"你们必须知道,原告对我们公民中的很多人都提起过诉讼,追讨了大笔钱财,他在自己的诉状中写道:'这个当事人损害了我的利益,他在我父亲死时欠他的钱却不还给我。'"而另一位对手则说:"他收集了价值许多塔伦特的债权,其中有些他得到了自愿的偿还,有些他通过诉讼进行了追讨。"他这样收回的总额达到了 20 塔伦特。关于这些收回的款项所涉及诉讼的数量,没有任何可用的资料记载。他有一个债务人是赫赫有名的提摩修斯(Timotheus)将军,其与钱庄掌柜帕西翁之间的业务往来在阿波罗多鲁斯诉提摩修斯案中得到了详细的记载,原告的发言被保留了下来。这个案例值得回顾,因为它对钱庄业务有所说明。公元前 374 年,当提摩修斯被任命为舰队指挥官,负责骚扰斯巴达人并迫使他们从皮奥夏撤退时,他向帕西翁贷

[2] 城邦服务,例如为公共节日训练合唱团,以及维护服役战船,参见本书边码 101 的内容。

了一笔款,交给自己的司库安提马库斯(Antimachus)保管。根据阿波罗多鲁斯的陈述,这笔钱实际上在钱庄交给了安提马库
119 斯的副官了,并且如数记入了提摩修斯的账簿。第二年,安提马库斯因财务违规行为而被免职。指控他的人是些有分量和影响的人,主要是由于费拉埃的僭主伊阿宋(Jason)和伊庇鲁斯的阿尔塞塔斯(Alcetas)的求情,他才得以侥幸逃脱死刑。提摩修斯的财力被审判的费用消耗殆尽,他的不动产也被大量抵押出去。在审理期间为了招待这些有权势的客人,他不得不再次向帕西翁求助。"傍晚当他们到达他位于比雷埃夫斯的住处时,他没有办法好好招待他们,只好派他的仆人埃斯克里翁(Aeschrion)去我父亲那里借一些被褥和斗篷,以及两个银杯子和一个米纳银币。"当那些贵宾离开后,斗篷和被褥归还了,但杯子和钱却被他留了下来。这些杯子似乎并不是帕西翁的财产,而是由一个叫提莫西尼斯(Timosthenes,是当时的会计佛尔米奥的一个朋友)的人留在钱庄保管的。当物主索要银器时,帕西翁只能支付对价。这笔钱记在了提摩修斯头上。

还有一次,提摩修斯希望让皮奥夏联合舰队继续服役,以免因为他所负责的战役进一步失败而增加公众对其的愤怒,于是他从安提法尼斯(Antiphanes)那里借了 1000 德拉克马来支付皮奥夏船员的工资。为了躲避这位新债主的追债,他从帕西翁那里贷了一笔款来偿还债务。后来,提摩修斯开始为波斯国
120 王做事。在开始之前,他向帕西翁引荐了一个名叫菲罗尼达斯(Philonidas)的船主,并要求帕西翁向菲罗尼达斯支付一些木材的运费,这些木材是提摩修斯为建造自己的新家而从马其顿运来的。这产生了多达约 900 美元的总债务。案件细节无须赘述,但有一点值得注意,将军的辩护理由是,这笔钱不是借给

了他自己，而是借给了那些收款人。帕西翁之所以粗心大意，未能获得他与提摩修斯交易的书面证据，部分原因是当时流行的钱庄业务方法还不完善。当时还没有汇票、支票和本票。钱庄掌柜与其客户之间交易性质的证明是钱庄账簿和收付款的职员的证词。由于职员通常都是奴隶，所以他们的证词是不可用的。阿波罗多鲁斯承认，他的父亲急于帮助提摩修斯，“以便他能对提摩修斯产生足够的影响，从而获得他想要的任何恩惠”。以下是对钱庄掌柜之所以松懈的部分解释：作为一个出身卑微，且渴望结交高层朋友的人，他担心触怒提摩修斯所以没有坚持索要书面证据。阿波罗多鲁斯试图强迫安提法尼斯提供证据，但他拒绝出庭，于是阿波罗多鲁斯提起了金额大概涵盖贷款总额的损害赔偿诉讼，以防提摩修斯成功逃避付款。像往常一样，我们仍然不知道这个案子的结果如何。普鲁塔克说阿波罗多鲁斯胜诉了，但他的陈述并不比他断言德摩斯梯尼写了这篇演说词更可靠。由于以下事实，有理由认定提摩修斯 121
胜诉：后来，当提摩修斯于公元前 360 年指挥雅典军队时，阿波罗多鲁斯对他提出了与战败相关的刑事诉讼。这就是阿波罗多鲁斯的特点：通过公犯控告他们，不放过任何报复敌人的机会。

在卡利普斯诉阿波罗多鲁斯（*Callippus v. Apollodorus*）案中，我们可以获得一个阿波罗多鲁斯作为被告的诉讼案例。根据阿波罗多鲁斯的说法，案情如下。卢孔（Lycon）是一个赫拉克利亚人（Heraclean），他即将乘船前往利比亚。他指示帕西翁付一笔钱给他的合伙人——居鲁士的赛斐亚德斯（Cephiades of Scyrus），这笔钱是他先前在钱庄存下的。阿波罗多鲁斯说：

> 所有钱庄的惯例是，当有人存下一笔钱，指示将其付给另一个人时，首先会写下存款人的名字和存款金额，然后在页边空白处写上“付给这个或那个人”；如果他们认识他们要支付的人，就不再多写其他内容；但如果他们不认识他，他们就加上要那个指认他的人的名字。

卢孔最终没有到达目的地。他的船只遭到了私掠船的袭击，货物被带到阿尔戈斯，卢孔因在搏斗中受伤死在了那里。卢孔死后一段时间，一个担任赫拉克利亚公民领事的雅典人卡利普斯出现在钱庄，他要求检查卢孔的账目。他阅读了卢孔的账目，未作任何评论就离开了。几个月后，他在雅典遇到了帕西翁，并询问卢孔的钱是否已经付完。帕西翁不确定，建议他去比雷埃夫斯的钱庄打听一下。但是，卡利普斯只想让帕西翁
122 在自己来收钱的时候通知赛斐亚德斯他对这笔钱有异议。然而，如果钱已经付了，他就得告诉赛斐亚德斯，赫拉克利亚的领事带着证人来到了银行，要求把钱或收到钱的人交出来。我们不清楚卡利普斯索要这笔钱的理由是什么。帕西翁最终按照最初的指示支付了这笔钱，同时将卡利普斯的威胁通知了收款人。三年后，卡利普斯对这位钱庄掌柜提起损害赔偿诉讼，“指控帕西翁在允诺不支付之后未经他（卡利普斯）的同意擅自把赫拉克利亚的卢孔留给自己的钱付给了赛斐亚德斯，从而损害了他的利益”。案件被从法庭撤回，并提交给双方同意的仲裁员，但帕西翁在裁决作出之前就去世了。随后卡利普斯起诉了阿波罗多鲁斯，但不是要求损害赔偿，而是索要存款金额。该案件经双方同意被提交仲裁。仲裁员宣布支持卡利普斯的请求，但由于他没有按照法律规定进行宣誓就作出了裁决，所

以裁决无效。仲裁的失败使案件重回法庭,当前的判决就是最终结果。结果还是不得而知,猜测也是徒劳。显然,卡利普斯没有像遗嘱这样的书面证据,起诉过程也拖拖拉拉。在这种情况下,阿波罗多鲁斯可以合理地反对一项他的父亲已经拒绝承认的主张。

阿波罗多鲁斯诉尼科斯特拉图斯(*Apollodorus v. Nicostratus*)一案很好地说明了一个诉讼会导致另一个诉讼的趋势。有一个叫阿勒图修斯(Arethusius)的人是城邦债务人。为了尽 123
可能挫败城邦债务人隐瞒其财产的企图,通过“财产登记表”程序成功发现隐藏财产的公民将获得收益的四分之三。阿波罗多鲁斯就提起过这样的诉讼,声称另一个人占有的某些奴隶其实是阿勒图修斯的财产,应被没收。阿波罗多鲁斯在自己演说一开始就抗议说,他的目的是要报复自己在被告及其兄弟尼科斯特拉图斯手中所遭受的暴行。为了证明自己并非只是一个受到经济利益前景驱使的职业控告者和讼棍,他提前放弃了胜诉时将会获得的所有经济利益。接着,他生动地叙述了他在阿勒图修斯及其兄弟手中所遭受的最为明目张胆的暴行。尼科斯特拉图斯是阿波罗多鲁斯在乡下的近邻和知心朋友,他们是如此的亲密和友好,以至于在阿波罗多鲁斯离家期间常常是由尼科斯特拉图斯负责照管他的财产。有一次,阿波罗多鲁斯因作为三层桨战船的司令官为城邦服务而离开时,他的三个奴隶逃跑了。这个有趣故事的剩余部分最好还是用阿波罗多鲁斯自己的话来讲述。

> 在追捕这些奴隶的过程中,尼科斯特拉图斯自己被一艘私掠船俘获了,并被卖为了奴隶。我回来后,他的一个

> 兄弟告诉了我他的不幸遭遇，我给他的这位兄弟提供了盘缠，使他得以去营救尼科斯特拉图斯。尼科斯特拉图斯摆脱了奴隶身份回来之后告诉我，他是被一大笔钱赎回的，当时他眼含泪水，指着令人屈辱的镣铐留下的伤疤。于是
> 124 他说服我免除了已预付给他兄弟的3米纳盘缠，并把我通过房屋抵押筹集的10米纳用来支付他所欠的26米纳赎金。过了没几天他又来找我，眼含泪水地告诉我，已替他预付了赎金的人正在向他要剩下的16米纳，双方定下的协议要求他在三十天内偿还这笔钱，如果未能支付则应归还两倍数额。他让我权衡利弊，否则我以前的赠与将会被浪费掉。因此，我筹集了这笔钱，无偿借给他一年。收到钱后，他并没有表示感激之情，而是立刻开始图谋欺诈我，他盘算着由于我年轻且缺乏经验，就可以迫使我放弃收回他所欠我的钱。[3]

这段时期，阿波罗多鲁斯正在与佛尔米奥打官司。由于尼科斯特拉图斯熟悉诉状内容，他就把它们透露给佛尔米奥，结果使得阿波罗多鲁斯处于极为不利的境地。接下来，在他参与的某场诉讼中，很可能是为了从尼科斯特拉图斯那里收回贷款，有一份针对阿波罗多鲁斯的出庭受审令（*duces tecum*）被签发出来。根据一份虚假的送达宣誓书，阿波罗多鲁斯因未回复传票而遭到罚金处罚。然后，当他提出继续参与自己与佛尔米奥的诉讼时，他因未缴纳罚款而受到了监禁的威胁。阿勒图修斯又通过一份虚假的送达宣誓书，使他被判为国库（treasury）

---

〔3〕 桑迪思和帕利总结，前引同一著作，第2卷第150篇。

债务人，扣押了他的财产，从他家里运走了价值两倍于判决金额的家具。阿波罗多鲁斯向国库偿还了债务，并以虚假传票为由起诉了阿勒图修斯。阿波罗多鲁斯是这样讲述后来的事情的：

> 他夜晚来到我的农场，砍掉了那里的所有珍贵果树， 125
> 还有灌木丛里的小树，破坏了用篱笆围起来的橄榄树园；他的所作所为堪比战争中的敌人所实施的残酷的蹂躏。除此之外，他们白天还把一个男孩（一个公民的儿子）送到我的农场，叫他拔掉我玫瑰苗圃的花朵，这样倘若我抓住他，一时冲动打了他，或者把他当作奴隶抓起来，他们就能以袭击和伤害罪起诉我。

阿波罗多鲁斯并没有诉诸暴力，而只是传唤证人来证明他所遭受的损害。

> 我对阿勒图修斯的起诉已经到了初审阶段，我正要把它提交给陪审团。我从比雷埃夫斯回来得很晚，而他埋伏在采石场附近等我，给了我一拳头，擒住了我的腰，倘若不是有人被我的叫声吸引跑过来帮忙，我可能会被他拖进采石场。几天后，我上了法庭，证明他伪造了传票，并对我造成了我提到的其他伤害，使他被定了罪。当涉及惩罚问题时，陪审员倾向于判处他死刑；然而，我请求他们在我的案件中不要听我的，只要同意判处1塔伦特的罚金，那是被告所提议的：不是因为我有任何饶恕阿勒图修斯的想法，而是不想被人说我作为帕西翁之子，一个通过人民的法令

被创设的公民,造成了一个雅典人的死亡。

特奥姆内斯图斯诉斯蒂芬努斯和尼亚尔拉(*Theomnestus v. Stephanus et Neaera*)案是另一起可以称为恶意诉讼的例子。特奥姆内斯图斯只是名义上的原告,而阿波罗多鲁斯才是真正的控告者。原告简要叙述了案情,并且交代了促使他对斯蒂芬
126 努斯提起公诉的动机。“我着手这场审判,不是作为攻击的一方而是为了进行反击,因为斯蒂芬努斯是在没有受到我们任何一个人言语或行为上的任何伤害的情况下率先开始争吵的。”阿波罗多鲁斯娶了特奥姆内斯图斯的妹妹为妻,而特奥姆内斯图斯接着又娶了他们两人的女儿,也就是他自己的外甥女。在与马其顿国王腓力的战争中,阿波罗多鲁斯作为议事会的一名成员争取到了一项法案的通过,该法案规定应由人民来决定是否将剩余的公共开支用于军事的还是神圣的目的,即用于公共娱乐。根据该措施的规定,人民一致投票同意将盈余用于军事目的。当时法典上载有一条法律,它规定在战争期间所有盈余都应用于军事目的,无须特别投票。实际上,这条法律被阿波罗多鲁斯法案废除了,尽管事实上人民确实按照现行法律的规定投票通过了拨款。但是在雅典,需要用一个特别的程序来引入新立法以取代现行法律。如果新法律的提案人没有遵守该程序,而法律又获得了通过,那么他就有可能在法庭上受到攻击,提案者个人也要承担一年期限的责任。斯蒂芬努斯在一年内对该法案提出了控告,并通过严厉审查其整个职业生涯的方式对阿波罗多鲁斯进行了猛烈的攻击,最终他获得了一个不利于阿波罗多鲁斯的裁决。他要求对阿波罗多鲁斯处以 15 塔伦特的罚金,因为他非常清楚阿波罗多鲁斯一旦无法支付罚金就

将失去他的公民身份。最后，陪审团只判了 1 塔伦特的罚金。当然斯蒂芬努斯并不满意，他坚持自己要毁掉阿波罗多鲁斯的计划。他指控阿波罗多鲁斯在试图追回一名逃亡奴隶的过程 127
中杀害了一名妇女。他收买了一些奴隶，妄称他们是自由人（他们都是昔兰尼本地人），以杀人罪起诉了阿波罗多鲁斯。但是，他的阴谋未能得逞，阿波罗多鲁斯被宣告无罪。斯蒂芬努斯似乎是被两个公民雇用来确保阿波罗多鲁斯被驱逐的。

在雅典人看来，特奥姆内斯图斯攻击斯蒂芬努斯的动机不仅是可以原谅的，而且甚至还是值得称赞的。

> 有人私下找我，从不同的角度敦促我，要为了他给我们造成的伤害而报复他。他们责备我说，假如我不为岳父、妹妹和妻子平反，我就是这个世界上最懦弱的人。

他轻描淡写地提到了他正在将违法者绳之以法，为城邦做出贡献。原因显而易见，因为斯蒂芬努斯可以回答说，他也在执行法律，而且陪审团在判定阿波罗多鲁斯违法时已经证明了他的清白。阿波罗多鲁斯在几年以前起诉尼科斯特拉图斯时曾引以为傲的是：他没有试图以找一个名义原告的方式从而逃避起诉失败要承担的个人责任，名义原告愿意为了一笔酬金而冒没有获得至少五分之一的票数时的重罚风险。这一点很重要。从尼科斯特拉图斯的诉讼到现在的起诉已经过去了很长一段时间。显然在这一段时间内，阿波罗多鲁斯因为好讼而获得了一个不怎么让人羡慕的名声，他觉得作为辩护人更加安全。

阿波罗多鲁斯的职业生涯还有一个极为不同的方面，它在 128
阿波罗多鲁斯诉波吕克勒斯案（*Apollodorus v. Polycles*）中得到

了展现。像其他富有的雅典人一样,阿波罗多鲁斯被要求为城邦提供服务,其中包括根据雅典在和平和战争时期征集财富的计划进行的巨额支出。公元前362年,他被指派前往一艘战船,在他的指挥下进行6个月的维护。三层桨战船的司令官需要负责开船、保护船体和处理维修,除非他能证明战船所遭受的损坏是由于暴风雨或战斗所致。但是,通过增添设备的方式做更多工作逐渐变成了三层桨战船司令官的惯例。阿波罗多鲁斯急于展示自己的慷慨及其对公民特权的感谢,他所做的远远超出了当时情况的实际需要。

> 当我发现除了少数不能胜任工作的船员外,那些被公民们列入名册的船员都没有露面时,我解雇了他们。在把我的房产抵押之后,我是第一个为自己的船只配置人员的人,而且通过预付大笔赏金和报酬,我雇用了最优秀的船员。我分毫未取公款,全部用自己的钱为船只装备了家具;我把它装饰得非常漂亮,比任何三层桨战船都要豪华。

波吕克勒斯(Polycles)是阿波罗多鲁斯的三层桨战船司令官职位继任者,他经常拒绝在阿波罗多鲁斯的任期届满后接管这艘船。

> 他问我,为什么我是唯一一个拥有船只家具的船长。你的财富是否远远超过了所有人,以至于你是唯一一个拥有自己船上家具和镀金饰品的船长?谁能忍受你的疯狂和奢侈,一个船员堕落到和习惯于预先收到一大笔钱,还要享受免除船上日常职责的待遇和享受洗澡的乐趣?……

> 你是海军恶习的始作俑者。其他船长的军队变坏了，你有 129
> 部分责任。

波吕克勒斯很清楚阿波罗多鲁斯付出这一切代价的动机，他有一次在重申自己拒绝接管这艘船之后机灵地说："老鼠开始品尝沥青了；他将成为一个雅典公民。"

海军将领提摩马库斯（Timomachus）没有强制波吕克勒斯履行他的职责这无疑是他的失职。据称，波吕克勒斯借给了这位海军将军一笔钱，条件是不要强迫他承担三层桨战船司令官的职务。此外，在阿波罗多鲁斯的指挥下，这艘战船是舰队中装备和管理最好的一只，总是随时准备待命。而阿波罗多鲁斯作为一个新公民（*novus civis*），也较为愿意承担那些危险而又乏味的任务。但是有那么一次，他却拒绝承担一项可能会导致违法的任务。卡利斯特拉图斯（Callistratus）是一个逗留在墨托涅的雅典人，他因死刑判决而流亡在外。他想去投奔提摩马库斯，这位海军将军是他的养子，于是他要求派一艘船把他送至萨索斯岛。阿波罗多鲁斯被选派执行这一任务时并不知道这件事情的性质。在航行过程中，有一个船员告诉他，这艘船将被交由一个流亡者处置。由于庇护流亡者是非法的，阿波罗多鲁斯拒绝继续前行。因此，这位海军将军被迫寻求其他可以帮助自己养父的方法，同时也决不原谅阿波罗多鲁斯。

在战役结束时，阿波罗多鲁斯受命将提摩马库斯的继任者吕西努斯送至雅典。他在起航之前再次在有多名证人在场的
情况下要求波吕克勒斯接管这艘船。"我的目的就是要剥夺 130
他可能会栽赃于我从而为他自己辩解的借口，即我拒绝把船交付于他是出于一种野心勃勃的动机，因为我希望乘一艘快速航

行的帆船回家，并向你们炫耀我昂贵的花费。”这个要求被拒绝了。波吕克勒斯同时还拒绝把钱借出去以维护船上家具的安全。阿波罗多鲁斯在这些困境中之所以能够在忒涅多斯筹集到资金，这是因为他是帕西翁的儿子。“因为我是帕西翁的儿子，而他与许多身处希腊的外邦人之间有着亲密的友谊，所以只要我想借钱就不存在任何困难。”他在延长后的服役期间结束后刚一返回雅典就提起了诉讼，追讨这段时期他为波吕克勒斯服役所支出的费用。

阿波罗多鲁斯作为三层桨战船司令官的这些经历为刑事起诉提供了数量可观的材料。随后他相继起诉了提摩马库斯、奥托克勒斯（Autocles）和梅农（Menon）这些他作为三层桨战船司令官服役时的将军。对于这些案件我们一无所知。佛尔米奥把它们作为阿波罗多鲁斯缠讼活动的例证加以援引。这些指挥官很有可能是因其公职权力中的不当行为而被指控的。在阿波罗多鲁斯诉波吕克勒斯案中原告顺带提到，军队发现这些海军将军们在补给和工资事项上是不可靠的。对提摩马库斯的指控几乎可以肯定与他和逃亡的卡利斯特拉图斯的非法关系有关。他不仅指派阿波罗多鲁斯把卡利斯特拉图斯送至
131 他打算与之会合的地方，而且当阿波罗多鲁斯拒绝执行该任务时他还诱导卡利普斯（Callippus）去执行它。由于卡利斯特拉图斯被判处了死刑，任何给他提供帮助和生活设施的人都会遭到同样的惩罚。而且据我们所知，提摩马库斯被定罪和处死了，并且还提到了一起诉卡利普斯的案件。他不是前面已经讨论过的卡利普斯诉阿波罗多鲁斯案（*Callippus v. Apollodorus*）当中的那个卡利普斯。几乎可以肯定他就是那个在提摩马库斯与其流亡的养父的交易中的那个代理人卡利斯特拉图斯。

当阿波罗多鲁斯的三层桨战船被派去交给那个流亡者处置时，他负责掌管这艘战船。当阿波罗多鲁斯拒绝继续航行时，卡利普斯愤怒地威胁着他，但无济于事。诱导另一个较为温顺的三层桨战船司令官交出自己的战船供那个流亡者使用的正是卡利普斯，事实上那个流亡者也确实充分利用了这艘战船。因此，卡利普斯与提摩马库斯同样有罪。但据我们所知，他并没有被处死。他可能因为声称自己是根据其军事长官的命令行事的抗辩而被宣告无罪了。在这些起诉中，阿波罗多鲁斯部分是受到自己愿望的推动，要通过将公犯绳之以法来服务公众利益，但他无疑也很高兴有机会向海军将军提摩马库斯复仇，因为他未能对波吕克勒斯施压。当卡利普斯在卡利斯特拉图斯这件事情上拒绝听从他的吩咐时，他也因其威胁和辱骂而对卡利普斯感到愤怒。

阿波罗多鲁斯与其继父佛尔米奥之间的争执不止一次在
法庭上上演。帕西翁留下了一份价值远远超过 10 万美元的遗
产。鉴于货币在当时具有较高的购买力，以及较高的利率，帕 132
西翁是一个有钱人。在他死后不久，他的遗孀阿奇佩就根据遗
嘱的要求嫁给了佛尔米奥。这桩婚姻发生在阿波罗多鲁斯因
公共服务离开期间。他回来时打算采取法律行动，但由于战争
的缘故法庭暂停开庭，他被禁止提起民事诉讼。于是，他对佛
尔米奥提起了刑事诉讼。这套诉讼的性质和目的都被学习希
腊法律的现代学生误解了。从后来的诉讼中可以清楚地看出，
阿波罗多鲁斯否认了佛尔米奥据以行动的遗嘱的真实性。他
计划提起的民事诉讼的目的无疑是检验遗嘱的有效性。如果
遗嘱是无效的，那么阿波罗多鲁斯就是他母亲的法定代表人；
没有他的同意，她就不能结婚。因此，佛尔米奥就因与她缔结

了无权婚姻而构成了法律上认为的强奸(technical assault)。就诉讼的形式而言,阿波罗多鲁斯通过提起强奸诉讼当然能够像民事诉讼一样检验遗嘱的效力。这个案子从未开庭审理。阿波罗多鲁斯含糊地谈到了佛尔米奥的拖延战术,但是很明显,阿奇佩的求情最终促使阿波罗多鲁斯放弃了这件事,她显然对这桩婚姻感到满意。在帕西翁去世八年后,他的小儿子成年了,佛尔米奥被按时解除了与他的监护权、钱庄和制盾厂的租赁相关的所有责任。两年后,阿奇佩去世了,阿波罗多鲁斯
133 提起诉讼,追讨一笔他认为应当从她的遗产里得到的钱。这起案件被提交了仲裁,佛尔米奥同意达成和解。根据佛尔米奥的说法,和解的内容包括对阿波罗多鲁斯一方的全部责任和诉讼请求的"一揽子"免除。但是十年后,阿波罗多鲁斯再次提起诉讼,要求赔偿两万元,他声称这是他父亲在佛尔米奥第一次租用钱庄时作为钱庄股份预付的款项。佛尔米奥则提出了一个特别抗辩,理由是他已经被两次免除了与遗产相关的全部责任,而且这起案件违反了诉讼时效:法律规定提起这类诉讼的期限是五年,而本案原告是在二十年之后才起诉的。但是技术性抗辩并不受雅典陪审团的欢迎,而且为佛尔米奥进行辩护的那个朋友把他演说的大部分时间用在了辩论案件的是非曲直上,这种行为方式并不违背雅典人的惯例。阿波罗多鲁斯自己在诉讼后期阶段的发言最能说明这起案件的结果。

> 佛尔米奥获得了开场演说的优势,因为这是一个特别抗辩。然后,他对自己的情况做了种种陈述,给陪审团留下了深刻的印象,以至于他们不再听我说的一个字。因为没有获得五分之一的投票,我当然要为这样的败诉缴纳罚款。

在这类案件中，罚金是追讨金额的六分之一，大约 3500 元。阿波罗多鲁斯对这一重大失利并不感到泄气，他转而试图通过指控佛尔米奥的一个证人斯蒂芬努斯作伪证来重新审理此案。阿波罗多鲁斯在本案中的两次演说都被保留了下来。134
正如雅典惯例中常见的那样，它们主要致力于回顾最初的案情并回答佛尔米奥的论点。在这方面，阿波罗多鲁斯和佛尔米奥之间的诉讼是独一无二的，案件的双方观点都是可以获得的。而在其他地方，我们只能依靠单方面的陈述。关于该诉讼的结果没有任何说明。鉴于陪审团在主体诉讼中拒绝听取阿波罗多鲁斯的意见，即使他实现了对斯蒂芬努斯伪证罪的定罪，从而成功重审此案，获得有利判决的希望似乎也并不大。这就是我们所知的阿波罗多鲁斯最后一次出现在诉讼中。由于他的奢侈浪费和轻率诉讼，他在四十五岁时就挥霍完了他父亲留给他的 5 万元巨额财富。当然，如果认为有相当数量的雅典公民像阿波罗多鲁斯这样好讼，那就错了。他的职业生涯给我们的启示是，一个拥有相当多的财富、对公共服务有着炽烈的感情和随时准备通过将私敌送上法庭的方式对他们进行惩罚的人，会变得多么热衷于各种各样的诉讼。在二十年的时间里，他作为原告或被告而被提及的诉讼案件有接近 20 起，并且还有许多其他的案件，它们隐含在对他的诉讼活动的各种评论之中。

第八章　法庭演说

135 亚里士多德赞成每个公民都应在法庭上为自己辩护的要求，因为希望一个人用自己的舌头为自己辩护就像希望他用自己的手保护自己一样合理。但是，或许要指出一点：虽然可以教会全体公民使用武器，并对他们进行军事训练，但修辞学知识却不能以这种大规模的方式传授。其实，城邦也根本没有尽力去教授它。之所以有这样的要求，是因为每个公民都应该尽可能地参与他所属社会团体的活动。城邦的政策是不为公民做任何他们可以自己做的事情。假如一个人可以被征召作为士兵、地方行政官或法官为城邦服务，那么希望他可以在那些聚集在法庭或公民大会上的同胞面前陈述自己的具体情况并保护自己的利益就是非常合理的。

根据梭伦时代之前的制度，当时地方行政官对提交给他们的案件有终审权（final

jurisdiction)，因此，希望一个公民在法庭上为自己辩护或许并非不合理。那时既没有机会也没有必要进行演说。一个人的听众不会为修辞和情感的呼吁所动。但是，梭伦所开创的大型平民陪审团制度和职业控告人的出现从根本上改变了诉讼的状况。诉讼当事人现在不得不同时面对几百名观众，他们欣赏
演说术，并乐于听到迎合其激情和偏见的呼吁。他们也不反对 136
以一种令人非常不安的方式来表达自己的不赞同和不喜欢。而且，惯于控告的人，无论是追逐私利的讼棍还是热心公益的公民，都很快就能掌握某种公开演说的技巧，并通晓诉讼的全部弯弯绕绕。在这些条件下，一个被送上法庭的新手就会陷入困境。只有一篇精心准备和表达出色的演说才能实现他的目的。于是，年轻人纷纷开始学习演说术，这并不奇怪。

希腊历史上的各个时期都产生过善于雄辩的公众演说家。从荷马时代起，伟大的领袖总被描述为一个言行兼修的人，“既能言善辩又雷厉风行”。演说术在早期是一种能力或天赋，它可以通过实践和经验培养得到提高。当时它还不是一门可以向他人言传的技艺。根本没有修辞学理论的存在。但是，大约在公元前 5 世纪中叶，政治演说术在西西里岛发展起来。在整个岛上的僭主被推翻的同时，出现了既充满活力又富有成效的民主制政体。修辞学技艺的诞生归功于平民大会上激烈的政治对抗和数量巨大的诉讼，这些诉讼是为了追回僭主为其支持者所夺取的财产。锡拉丘兹的科拉克斯是一位务实的政治家，他在新的民主制度下取得了相当大的成就。通过考察他说服听众并维持自己领导地位的过程，可以揭示出他的演说可
以分为三个部分：开场白（*προοίμιον*），他试图以此赢得好感和 137
认真的倾听；叙述和辩论部分，他称之为“逻各斯”（*λόγος*）；最

后是收场白(επίλογος),包含对论点的简要概述和呼吁。虽然这第一步现在看起来很简单,但它仍不失为一个伟大的发现。这是一个基础,在此基础上可以建立一个能将演说术向他人传授的体系。自此演说术不再是主观想象的了,而成了客观构建的。它不再是一种纯粹的能力,而是已经变成了一门技艺。

大约在公元前 5 世纪中叶,这门新技艺通过各种渠道传入了雅典,受到民众的欢迎,主要是因为它使他们能够充分行使自己的政治权利。那时克里斯提尼的宪制改革已使政治权力触手可及。但是,在很大程度上人们由于缺乏政治训练和自信,无法把握这种权力;他们继续被旧的地主贵族统治着。波斯战争的成功,以及随之而来的海上力量和商业的发展,给中产阶级带来了财富和信心。但是,直到战神山议事会这个古老的贵族议会和反应中心的权力被打破,才为平民主权在公民大会和陪审法庭上的充分行使扫清道路。正是在雅典民主历史的这个关键时期,新的修辞学把指导公民大会和影响法院的手段交到了平民领导人的手中。这是因为对于必须在人数众多
138 的陪审团面前面对经验丰富的控告者或原告的普通公民来说,它提供了一种颇受欢迎的援助手段。

修辞学的知识迅速传播。就像在我们这个时代,为了响应工商业对训练有素的雇员的要求,商学院、函授学校、夜校和其他教育机构陆续涌现出来以补充正规化教育,在雅典和整个希腊出现了智术师(Sophists),他们是一门新学问的拥护者和供应者。有些人创建了学校,持续多年教授修辞学和相关学科的系统化课程。其他人则从一个城邦游学到另一个城邦,开设公开讲座和私人课程。这些古代的教育者就像他们的现代后裔

一样包罗万千，从像普罗塔戈拉（Protagoras）、希庇亚斯（Hippias）和普罗迪库斯（Prodicus）这样真诚而又能干的人，到柏拉图《欧蒂德谟》（*Euthydemus*）中两位不朽的圣人。这些江湖术士宣称能够反驳任何主张，真假在所不问，并且能够有偿地把自己的技巧传授给任何人，无论其先前的资质条件怎样，同时也不妨碍他自己的生意。当时还没有固定的收费标准。普罗迪库斯每节课收1德拉克马，教授一套完整的词汇及其用法的课程则收50德拉克马。帕罗斯的尤埃努斯（Euenus of Paros）教授的全部德性课程要5米纳，普罗塔戈拉教授全部课程要100米纳。但是，不满意的学生可以选择对教学自行估价，条件是他要在神殿内对这个估价发誓。令人惊讶的是，普罗塔戈拉居然留下了价值5塔伦特的遗产。希帕波鲁斯（Hyperbolus）是一名著名的律师和政治家，阿里斯托芬说他学会了“规避诉讼、有说服力的反驳和传唤，花了1塔伦特”。卡利亚斯是 139
希波尼库斯（Hipponicus）之子，一个远近闻名的业余爱好者，是所有来雅典讲学的智术师热心的听众，这些智术师包括普罗塔戈拉、高尔吉亚、希庇亚斯和普罗迪库斯。柏拉图的《普罗塔戈拉》中的一幕就设定在他的家里，希庇亚斯、普罗迪库斯、普罗塔戈拉及其随从正在那里作客。他获得了一份殊荣，柏拉图的几篇对话都提到了他，而在色诺芬的《会饮》中他更是成为了主人公，在阿里斯托芬的几部喜剧中他也都出现过。最后，他在放纵的生活和丰富多彩的教育中挥霍掉了大笔财富，最终在贫困中死去。

新教育的课程包括修辞学、辩证法、自然科学、数学和哲学。由于其主要目的是让年轻人适应公共生活，修辞学占据了最为重要的位置。这个科目尤其受到那些希望学会在法庭上为自己辩护的人的喜爱。事实上,根据柏拉图的说法,高尔吉亚甚至声称,假如一个人学会了说服的技艺,他就可以省掉所有其他技艺了。“苏格拉底,不去学习其他技艺,只去学修辞学,却毫不逊色于其他教师,这难道不是一大幸事吗?”对于听过专业的教育家说“教的技艺的知识比所教的科目的知识还要高级”的一代人来说,这一学说听起来似曾相识。

那些最初在雅典练习和教授公共演说技艺的人必须设计出一套适合他们目标的语言媒介,因为阿提卡散文当时还没有发展起来。爱奥尼亚人在记录神话和阐述哲学时要么使用日
140 常生活中的自由而又简单的习语,要么使用复杂的诗歌措辞。因此,当梭伦在公元前6世纪希望发表自己的政治观点和理论时,他选择了以爱奥尼亚诗歌作为媒介。在下个世纪,哈利卡那索斯的希罗多德(Herodotus of Halicarnasus)通过在描述自己与波斯斗争的伟大历史时使用了爱奥尼亚散文,将爱奥尼亚散文标准化。但是到这个时候,爱奥尼亚语在雅典不可能再被使用了,因为伟大的剧作家已经牢牢地确立了阿提卡语作为文学表达的媒介。散文必须用阿提卡方言写成。阿提卡散文的创作者想要某种“比诗歌更精确、比谈话的习语更坚定、更紧凑”的东西。[1] 雅典第一位伟大的律师安提丰的演说展示了这场斗争的证据。然而,他实现了一种表达的高贵,这种高贵完全不同于第一部阿提卡散文的松散风格和粗糙措辞,那是一本关于雅典宪制的政治小册子(公元前424年),它被错误地认为是色诺芬的作品,其中的一些摘录我们在前面一章提到过。但是,从他用词不够精确,并且出现了相当多的诗歌词汇

[1] Jebb, *The Attic Orators*.

和短语，可以看出诗歌的影响。他的语言更接近悲剧作家的语言，而非其后继者成熟的法庭散文的语言。那些接触现实情况的大律师谨慎巧妙地利用修辞学说，成功地发展出了一种法庭演说，它极好地适应了必须出庭的普通公民的诸多需要。当然，这些律师必然需要一种专业术语，但是这些术语完全是从当时流行的演说中挑选出来的，并且容易被任何聪明人所理解。在这个方面，雅典的法律语言与我们的法律语言有一个明 141
显的差别，我们的法律语言从更早的时代和外语中保留了许多外行人极难理解的词汇和表达。诚然，在雅典旧式的成文法当中也出现了数量有限的过时单词，但根据吕西亚斯的说法，它们对于聪明的人来说不会造成任何困难。一方面，苏格拉底在对比法庭演说与他自己所使用的日常生活语言时，称法庭演说是"用精美单词和短语打造出来的华丽语言"。另一方面，伊索克拉底则将其与华丽的赞咏演说进行对比，把它描述为"一种缺乏润色的朴素演说风格"。这些描述之间并没有真正的差异。事实上，它们展示了法庭散文的创作者是如何有效地完成自己的工作的，他们既避免了日常生活的语言，也避免了赞咏演说的措辞。这是一种比较平实但充满活力的风格，很少修饰，并随着发言和思考的角色的改变而改变，经过精心设计，既能取悦听者的耳朵，又能说服其内心。布鲁厄姆勋爵（Lord Brougham）曾评论道："希腊人的政治或法庭演说几乎没有一篇不是在类似情况下在我们的议会或法庭上发表的。"在阿提卡散文的奠基人中，有三位智术师出类拔萃：普罗塔戈拉、普罗迪库斯和高尔吉亚。普罗塔戈拉坚持正音或正确的词形变化。普罗迪库斯通过"区分那些表达同一观念的稍有变形的单词，这些单词在日常生活习语之中或者在诗人那里通

常都是不加区分的”，做出了巨大贡献。柏拉图保留了一个
142 有趣的例子，他在那里迂腐地、学究似的抗议普通演说家的粗心大意。

> “那个”，普罗迪库斯说道：“在我看来说得很好，因为出席这类讨论的人应该是两位发言者的公正的听众；请记住公正与平等不是一回事，因为双方都应该得到公正的倾听。然而，不需要给两者分配平等的奖赏；而是对贤明的人应该给予更多的，对不那么贤明的人，应该给予更少的。我，还有克里提亚斯(Critias)，都求你，苏格拉底，同意我们的请求，即你与我们是相互辩论，而不是吵架；因为朋友之间的辩论是出于善意，只有敌人之间才会吵架。然后，我们的会议将会很愉快；因为这样，你们这些发言的人就更有可能在我们这些你们的听众中间赢得尊敬，而不仅是赞扬；因为尊敬是心灵深处的真诚信念，但赞美往往是人们的一种不真诚的表达，是违背他们的信念而说出的话。因此，我们这些听众就会得到满足而不是高兴，满足是心灵上收获知识和智慧时的状态，而高兴是当吃东西或体验某种其他的身体快感时的身体状态。”……普罗迪库斯说出了这样一段话，许多同伴都为他的话鼓掌。

普罗塔戈拉和普罗迪库斯强调用语的精确性和准确性，而高尔吉亚则坚持优美的表达。他使用了相当多的诗意词汇，并且通过谐音和从句对仗，确保了强烈的散文韵律。因此，当历史学家狄奥多鲁斯(Dioduorus)记录他公元前427年的雅典之行时将高尔吉亚的风格描述为：“他是第一个使用更不寻常、

更人工化的修辞格的人,例如从句对仗、结构平行、结尾押韵等。"[2]他自己发明了一种独特的风格,这种风格对伊索克拉底产生了显著的影响;它也零星地和独立地出现在后来的所有文学作品当中。利利(Lyly)的《尤弗西斯》(*Euphues*)或《才智解剖》(*Anatomy of Wit*)把高尔吉亚风格引入伊丽莎白时代的文学之中。沃尔特·斯科特爵士(Sir Walter Scott)在《修道院》(*The Monastery*)中成功地再现了它的较为显著的特征,而莎士比亚在《爱的徒劳》(*Love's Labour's Lost*)中对其模仿得最令人感到欢快。即使是从未听说过高尔吉亚这个名字的报刊作家也使用了他的某些较为明显的手法。高尔吉亚的真正作品只有几个片段幸存下来,但我们在特洛伊的海伦的著名辩护之中看到了一个长久以来骗过了评论家的对他的风格的当代模仿。在英语语言资源允许的情况下,有人已经尝试在以下版本的部分原文中重现原版的特点: 143

2. 一个人既有责任真正地提出正确建议,也有责任恰当地揭露错误,去驳斥那些海伦的批判者,对于海伦这样一名女性,诗人的赞美和观众的信念是和谐一致的。海伦之名的声誉是赞颂她名声的原因。但是,我希望通过一个理性的解释,让一位被污名化的女士免受诋毁,通过揭穿她的那些污蔑者才是撒谎的人,揭露真相,从而终结他们的幻想。

3. 无论是在天性还是在教养方面这位女士都是优中之优,这一点无人不知无人不晓。因为众所周知,她的母

[2] Roberts 翻译。

亲是勒达(Leda),而她的父亲肯定是神,说是人是有争议的。他们可能是廷达瑞俄斯(Tyndareus)和宙斯(Zeus),其中一个因名声被推断是她父亲,另一个则自称是她的父亲。前者是人类中最强大的,后者是神中最高贵的……

6. 她的所作所为,要么是出于命运的期盼,诸神的意
144 志和宿命的重任,要么是被暴力侵入,或者被辩论劝服,或者被爱弥漫。如果是第一个原因。恶意诽谤者应该受到诽谤。因为神的安排不能被人的提议所阻止。强者被弱者控制并非自然之理,相反弱者应被强者统治和引导。强者引路,弱者尾随。神在预知和暴力方面都比人更强大。因此,如果命运和神都应受到责备,海伦就必须从污名之中解脱出来。

7. 如果她被粗暴地虐待了,被非法地利用了,被不公正地误用了,那么显然侵犯和亵渎她的人就是一个恶棍,她被亵渎和侵犯是不幸的。在言语上、在法律上、在行为上都犯下野蛮的强暴罪行的野蛮人,应该受到言语上的谴责、法律上的污名和行为上的羞辱。但是,被侵犯的海伦,背井离乡,与朋友分离,本应受到怜悯而非斥责。因为是他犯下了暴行,而她只是在顺从,所以要同情海伦,诅咒恶人……

19. 那么,如果海伦的眼睛被亚历山大的美貌迷住了,心神荡漾,灵魂出窍,有什么好奇怪的呢?弱者怎么能抵抗和驱逐那个身为神、有神性力量的存在呢?如果爱是一种身体上的虚弱和精神上的愚笨,我们就不该咒骂它是一个错误,而应抨击它是一种恐怖。因为它找上自己的受害者,是受机缘的命令,而非理智的要求,而是通过内心的计

谋，而非技艺的纵容。

20. 那么，无论海伦是被爱入侵了，被辩论说服了，还是被武力征服了，抑或被神的需要支配了，她的所作所为都完全无可指摘，那么责怪海伦怎么会是公平的呢？

21. 通过我的讲述，我已使她从恶名当中解脱出来；我已遵守开篇所许的诺言；我希望清除诽谤的不义和指控的蠢行；我希望再写一篇讴歌海伦锻炼我自己的演说。[3]

巡回讲学的智术师会向一个新城邦推销自己，他的方法是 145
用自己的最佳风格进行公开演讲加上引用一些当地的恭维话，或者假如他足够幸运在当地公民中居然有愿意款待他的熟人的话，他还会举办一系列的私人招待会和展览。在雅典，希波尼库斯之子卡利亚斯的家总是会向逗留在城邦里的智术师敞开大门。如果他给人留下了好印象，他肯定会发现有很多年轻人渴望参加他所开设的课程。更为杰出的来造访的智术师吸引着大批热情的观众。当莱昂蒂尼的高尔吉亚（Gorgias of Leontini）作为他本邦外交使团的团长于公元前 427 年造访雅典时，他的演说术在公民大会上引起了极大的轰动。“他有着杰出的风格”，历史学家狄奥多鲁斯说，“不可抗拒地吸引着雅典人的聪明才智和演说热诚。通过举办私人艺术展和教导年轻人，他带走了大笔钱财”。根据柏拉图的说法，普罗迪库斯在

---

[3] 我深深受惠于范胡克（Van Hook）所翻译的《海伦颂》（*Encomium of Helen*）的部分，它刊于 *Classical Weekly*，Ⅵ，122 ff.。芝加哥大学的保罗·肖里（Paul Shorey）教授首次证明了用英语再现高尔吉亚风格特征的可能性，他曾以《阿提卡的演说者》为题用多个版本的精选段落来教导和愉悦他的班级。我幸运之极，可以在我文章的页边空白处重现其中的一个段落（第 19 节）。

雅典也有类似的经历。他从科斯(Cos)那里带着政治使命来访,给议会留下了深刻的印象,以至于人们热切地参加他的私人展览和教学课程。柏拉图的《普罗塔戈拉》生动地描绘了一个年轻的雅典人聆听一位著名的老师讲课时的热切。苏格拉底对同伴讲述了年轻的朋友希波克拉底(Hippocrates)在听说普罗塔戈拉来到城邦时的兴奋:

146 昨晚或者更确切地说,今天一大早,阿波罗多鲁斯之子希波克拉底用手杖重重地敲击我的门:有人给他打开门,他冲进来大喊:"苏格拉底,你是醒着还是睡着了?"我听出是他的声音,说:"希波克拉底,是你吗? 有什么好消息吗?""好消息,只有好消息。""很好",我说,"是什么好消息呢? 你为什么在这么早的时刻来这里呢?"他走近我,说:"普罗塔戈拉来了。"(苏格拉底假装不明白他年轻朋友兴奋的原因,问)"怎么了,普罗塔戈拉抢你东西啦?""是的,苏格拉底,他让智慧远离我。""但是如果你给他钱,和他交朋友,他一定会使你和他一样聪明。""但愿如此。他如果愿意的话,可以把我所有的一切和我朋友们所有的一切都拿走。"

苏格拉底同意在黎明时和他一起去,并劝说普罗塔戈拉有偿传授他的智慧。同时,他也问希波克拉底希望学到什么。希波克拉底对此并不清楚。普罗塔戈拉掌握着使人雄辩的技艺,而且他相信雄辩是自由人和绅士教育的一部分。在柏拉图的《申辩篇》中,苏格拉底感到惊讶的是,希腊各个城邦的年轻人在他们的长辈能够并且愿意免费教导他们的情况下,他们却对有机会给高尔吉亚、希庇亚斯和普罗迪库斯付巨资以获得教导而感激涕零。

早期智术师的展示性作品没有一篇独立流传下来的，但是当代文学作品中的注释和摘要使我们得以管窥那些上乘的作品。在色诺芬的《回忆苏格拉底》中，苏格拉底根据记忆复述 147
了普罗迪库斯经常发表的一篇题为《赫拉克勒斯的选择》(*The Choice of Hercules*)的演说的基本内容。这是一篇关于德性的优雅而有教益的演说，堪比现代同一主题的专题研究。在柏拉图的笔下，希庇亚斯吹嘘自己在斯巴达用一篇题为《涅斯托耳给尼奥普托列墨斯的建议》(*Nestor's Advice to Neoptolemus*)的道德演说给人留下了多么美好的印象。他几天之内又应请求在菲多斯特拉图斯(Pheidostratus)重讲了它和其他许多值得聆听的精美片段。他邀请苏格拉底出席，并请他带上其他能够欣赏这些作品的人。柏拉图保存下来的普罗塔戈拉关于普罗米修斯(Prometheus)和厄庇墨透斯(Epimetheus)神话的演说具有一种完全不同的特点。它描述了种族的起源和文明的发展，旨在表明德性是可教的。其他的作品则在放弃人们熟悉的道德主题的同时，试图吸引雅典人喜爱新奇事物，这在公元前 5 世纪与使徒保罗在 1 世纪发现的情况一样，他们的演讲涉及蜜蜂、老鼠、盐、锅和鹅卵石等琐碎主题。这样一来，他们可以避免自己竞争对手的陈词滥调和老生常谈。一个能流利地谈论如此卑微和乏味主题的人，如果他选择某些当时流行的陈旧老套的话题，势必也能才华横溢、口若悬河。智术师的展示并非都采取经过准备的演说的形式。在柏拉图的《欧蒂德谟》中，苏格拉底以反讽的口吻向自己的朋友克力同讲述了一对江湖 148
术士的表演，他佯装对欧蒂德谟(Euthydemus)和狄俄尼索多罗斯(Dionysodorus)兄弟印象深刻。这是对某些"芸芸众生"的智术师所拥有的哗众取宠的方法(争辩术)的一个有趣揭露。苏格拉底说他们声称自己最擅长法律战。"他们本人会出庭辩护,并且教其他人发言和撰写法庭演说。"这里没有必要详细讨论这部可与阿里斯托芬的最佳作品相媲美的精彩的讽刺作品。只用一个例子就足以说明他们是如何通过强词夺理的提问、含糊其词的回答、谬论和悖论给低俗的观众留下深刻印象并赢得掌声的。欧蒂德谟通过向苏格拉底的一个年轻门生提问开始,内容如下:

问:哪些人是学习的人,智慧的还是无知的人?

答:智慧的。

问:他们懂得自己正在学的东西吗?

答:不懂。

问:那么,是无知的人学习,而不是你认为的智慧的人。

接着,狄俄尼索多罗斯就把这个窘迫的年轻人拿捏住了。

问:两个学生中哪个在学他所听写的东西,智慧的还是无知的?

答:智慧的。

问:那么,是智慧的人学习,而不是无知者,所以你前面对欧蒂德谟的回答就是错误的。

在掌声欢呼声中,欧蒂德谟又回到攻击点上。

问：这些学生在学习的时候，学的是他们懂得的东西，还是他们不懂的东西？

答：他们不懂的东西。

问：但是，他们认得字母吗？

答：认得。

问：听写的内容不就是由字母构成的吗？ 149

答：是的。

问：那么，他们学习的就是他们已经懂得的东西，所以你刚才的回答就是错误的。

狄俄尼索多罗斯继续用以下结果进行诘问：学习是获取知识，懂得就是拥有知识。学习者获取但不拥有知识。因此，是那些不懂得的人学习，而不是那些懂得的人学习。

早期的教师宣称要教自己的学生在公民大会和法庭上即席发言。议会演说术和法庭演说术之间没有明显的分别。两者都包含在政治的或公民的演说术之中。“我听说”，苏格拉底有一次对普罗塔戈拉说道，“对于同样的事情，你可以自己说也可以教别人说，长篇累牍滔滔不绝，或者言简意赅直截了当”。普罗塔戈拉承认这是真的。早期的演说家并没有写下自己的演说词。事实上，据说伯里克利是第一个在法庭上使用书面演说词的人。于是，一场关于书面演说和即兴演说各自优劣的辩论在公元前 4 世纪开始了。目前仍有一篇现存的阿尔西达马斯的演说稿，它指出了懂得怎样即兴演说的好处。伊索克拉底就是阿尔西达马斯内心念念不忘的书面演说的冠军。但是，他们想到的是两种完全不同的演说术。由于伊索克拉底声音低弱且性情怯懦，他完全不适合参与公民大会的辩论或法

150 庭的竞争。因此,他致力于一种赞咏的演说术。他自己的作品,除了6篇他认为属于年轻时轻率之作的应被遗忘或否定的法庭演说之外,还包括精心构思的政论文,它们采取的是在公民大会上向自己的公民同胞或者在隆重的国家节日上向希腊人致辞的形式。正如他自己吹嘘的那样,他的话题是“希腊的、庄重的和政治的”。另外,阿尔西达马斯对公民大会的日常辩论和法庭上的控辩争夺了然于胸。正如阿尔西达马斯所言,要完成这些任务,一个人必须能够“即兴、择机发言,快速辩论,而且不能一时语塞”。控告人可以从容不迫地撰写自己的演说词,但是被告再怎么深谋远虑、其法庭技巧再怎么丰富也无法预料到控告人的所有论据,再者,双方都不可能预先撰写好反驳对方的演说词。即兴演说的能力几乎是必不可少的。阿尔西达马斯欣然承认,出色的能力“是罕见的,绝非普通训练的结果”。要确定阿尔西达马斯和其他跟他一样的人在他们公认艰巨的任务上取得了何种程度的成功,这并不容易。最为详尽的写作训练可能也无济于事。伊索克拉底作为一位公认的演说散文大师,当他因为拒绝承担分配给他的三层桨战船司令官职务而被起诉时,他却把自己的辩护任务委托给了他的养子。尽管德摩斯梯尼能够成功地处理针对自己监护人的案件,他也进行了充分的准备,但他却无法避免公民大会上的嘘声,正如普鲁塔克告诉我们的,他仔细地听到了来自“醉醺醺
151 的水手和其他的文盲”的嘲笑。即使他已经成长为一名在公民大会上成就斐然的演说家,他也不会同意在没有充分准备的情况下发言。伊索克拉底强烈地谴责那些教授法庭演说术的教师,说他们其实是承诺了他们无法做到之事的江湖术士。很明显,所谓的“陈腔滥调”(commonplaces)是智术师教学中的

一个重要特征,它对他们在教授即兴演说中所取得的成功作出了极大贡献。学生们被要求死记硬背某些段落,它们涉及所有法庭演说,尤其是开场白中多少有些频繁出现的一般话题。开场白的目标是吸引听众的注意,并赢得他们的好感。演说者往往试图通过阐述他自己所处的情境来达到这些目的。虽然没有哪两种情境是完全相同的,但构成它们的要素的数量毕竟有限。因此,修辞学家很快就抓住了这些共同的要素,并将它们简化为一系列公式或陈腔滥调。不仅有各式各样可以方便地引入开场白的话题在教科书中得到了详细的解释,而且适于各种类型案件和场合的开场白集锦也被出版。那个时代没有版权问题,也不存在反对剽窃的成见。其实,人们认为,一旦一种观点通过措辞的方式被充分地和雄辩地表达出来,它就可以被任何人自由地使用。因此,一个还没有掌握开场白话题并练习组合它们的诉讼当事人,只需要翻开某个开场白集锦中的一
页,可以从中选择一篇并轻易修改以满足他的需要。即使是那 152
些专家,他们手里也保存着一摞开场白。罗马律师和文学家西塞罗在致友人阿提库斯(Atticus)的一封信中表明,古代的开场白是多么的机械和敷衍。

> 现在请注意我的粗心大意。我寄给了你一卷《论荣耀》,但是它里面有一个与《论学院》第三卷相同的开场白。这是由于我手里其实有许多开场白。当我开始写作某部专题论著时,我习惯于从其中挑选一篇使用。当时是在图斯库勒姆,因为我不记得自己已经用过了那篇开场白,所以就把它放进了我寄给你的那卷书里。然而,当我在船上阅读《论学院》时,我注意到了自己的错误。于是,

> 我又写了一篇新的开场白，现在寄给你。请把另一篇剪下来，然后把这篇粘上去。[4]

以德摩斯梯尼之名流传着一本法庭演说开场白集锦。下面这一则开场白根据的是吕西亚斯、安多基德斯和伊索克拉底的演说，可以认为它是典型的法庭演说开场白：

> 你们都看到了我的对手们的图谋和狂热，在这个问题上我不必大费周章。所有熟悉我的人都知道我缺乏经验。我要恳请你们帮我一个既合理又简单的小忙：你们听我说，不要动怒，就像你们刚才听我的控告人说话那样。这是因为即使你们不偏不倚地听，被告人也必然处于不利地位。我的控告人已经从容不迫地提出了他的控告，而且没有任何人身危险。因此你们只有对被告人多表现出一点善意才是公平的。不止一次，那些提出了最为严重的控告的发起者被立刻证明犯下了欺骗罪，证据确凿以至于你们更愿意惩罚控告人而非被告人。很多时候证人被揭穿是作了伪证，但为时已晚，无法使他们的受害者受益。所以，既然这样的事情时有发生，那么公平的做法是，在我作出
> 153 答复之前不要相信我的控告人的那些话。对我的指控是否严重，你们可以从我的控告人的发言中了解，但它是真是假你们只有听完我的辩护才能确定。我听人说过，你们很可能也知道，一切罪恶中最可怕的就是污蔑。我恳请你们善意地听取我的辩护。请不要采取我的对手们对我的

---

〔4〕 舒奇伯格（Shuchburgh）翻译。

态度,怀疑我的话,对我所说的置若罔闻,请听我把话说完。然后作出你们认为最佳的并与你们的誓言最为一致的裁决。[5]

那些一流的演说家和演说撰稿人在改变这些陈腔滥调的措辞和形式方面别出心裁,以便使它们看起来自然而然、不假雕琢。但是,陪审员和法庭上的常客无疑像现代读者一样几乎不可能发现不了这些陈旧老套的主题。2 世纪著名的讽刺作家琉善(Lucian)就巧妙地讽刺了那种部分或全部借用已经发表的杰出演说家开场白的俗套。其中描绘的是宙斯正在一个重要的诸神会议上致辞。

(赫尔墨斯说)现在请您讲话:看它们已经挂在您的嘴边了。

我的孩子赫尔墨斯,我现在好像有点问题。坦诚地说,你知道我一直都是一位自信和令人印象深刻的公共演说家。

是的,我知道。

但是今天,我的孩子,有可能是这场可怕的危机,有可能是观众的规模,无论怎样,我感到内心五味杂陈。我浑身发抖,舌头打结。最奇怪的是,我的脑海里一片空白,完全不知从何讲起;本来我已经准备就绪,为了一开始就给人留下一个好印象。

宙斯,您搞砸了一切,他们无法听见您的沉默。 154

[5] 译自 Navarre, *La Rhétorique Grecque avant Aristote*。

你认为我该怎么办？背诵荷马的开篇？

哪一篇？

“请听我说，诸神们。”

废话。您在我们的内阁会议上表现得淋漓尽致。然而，假如您喜欢，您或许可以对德摩斯梯尼的菲利匹克斯(Philippics)稍作改编。这是当下演说者青睐的方法。

好啊！这是一条通往雄辩的捷径，为一个身处困境的人极大地减轻了负担。[6]

陈腔滥调不仅出现在开场白中，而且在演说的其他部分也都时有出现，只不过不那么频繁而已。以下是耳熟能详的话题：法律的威严，宣誓的神圣，民主制度的维护，死刑案件犯错的严重性，社会惩罚杀人犯的重要性，通过拷问攫取的奴隶供述的可靠性或不可靠性。

熟记诗人创作的那些段落是雅典初等教育的一个重要特征。人们会做一些挑选，为的是传授道德教训，而不是提高学生的文学品位。智术师对诗人的使用不同，这些诗人是他们的学生有所耳闻的。老师会挑选某个特定的段落，接下来批判它的语言、风格或主题。学生们被期望参与到讨论之中。这样一来，他们就可以习得表达的才能。“苏格拉底，我的观点是”，普罗塔戈拉在以其名字命名的柏拉图对话中说，“作诗的技能
155 是教育的主要部分：我认为这就是认识到诗人的哪些作品是正确的，哪些不是，以及如何区分它们，并在被问及时解释这种区分的理由”。当柏拉图在一篇对话中引入对诗的讨论时，他无

[6] Fowler 翻译。

疑正在遵循学校的惯例。需要注意的是,对话的参与者总是完全熟悉所讨论的选段。

围绕着诗人所进行的讨论多少有些不正式,但它们为更为正式的各种论证、争论和辩论提供了充分的准备,满足了那些希望让自己适应公民大会或法庭活动的人的需要。他们从旨在发现真理的辩证法起步,很快就沦为了仅仅想争胜的争辩术。因此,这就引发了在阿里斯托芬的《云》中所反映出来的一种普遍的信念,即这些修辞学教师能够“使更坏的事情更有道理,并驳倒一切正义”。辩论的主题是提前设定好的,它们为双方都提供了现成的论据,以便培养学生站在案例的任何一方进行辩论,这与现在大学辩论队的教法如出一辙。这对那些渴求法庭荣誉的有抱负的年轻人来说尤为珍贵,因为他们的成功在很大程度上系于其预判对手论点的能力。非凡的创造力就在处理悖论性主题的过程中展现了出来。现存的有四对演说,它们分别致力于证明善与恶、荣与耻、真与假、正义与不义既相同又不同。还有其他类似的主题:“受害比加害更好吗?” 156
“权宜之计比正义更可取吗?”“儿子更应当服从自己的父亲而非圣贤吗?”对某个神话或历史人物发表控诉或辩护演说也是一种常见的练习方式。特洛伊的海伦显然是各个学校的最爱。除了那篇归于高尔吉亚名下的关于她的辩护之外,现存的还有一篇由伊索克拉底创作的颂词。它们是供学生使用的范文。伊索克拉底还为一位神话中的埃及国王布西里斯(Busiris)写了一篇辩护词,从而改良了波利克拉底的作品。奥德修斯也是一个特别受人喜欢的人物。阿尔西达马斯写了一篇演说,其中奥德修斯被描述为正在以叛国罪指控帕拉米德斯(Palamedes),而帕拉米德斯的辩护词则由高尔吉亚撰写。

还有更多实际练习的机会。古代人通常会把一些钱托付给他们信任的友人进行保管。于是各式各样的存款主题就成了一个大家熟悉的练习对象。伊索克拉底有一篇关于这个主题的演说，对此安提斯梯尼（Antisthenes）发表了一篇回应。这个话题的一种新形式出现在一份1898年公开的埃及纸莎草纸上。一个人在自己的友人那里存了一笔钱。他们一起把钱埋在了友人所有的一块地里。后来，寄托人被发现擅自拿走了钱，于是就被控盗窃罪。双方都提出了一些论点。当时的学生很可能被要求把这些建议精心制作成两篇正式的演说。争夺阿喀琉斯的武器也是一个受人喜爱的法庭演说的题材。安提斯梯尼撰写并发表了可以作为学生范文的演说，其中设定了主
157 要的竞争者，即大埃阿斯（Ajax）和奥德修斯。但是，兼顾控辩双方的最详尽、最实用的法庭演说范文当属安提丰的《四联辞》，之所以如此命名，是因为每个案例都有两对演说。其中的一部《四联辞》处理的是一个男孩的死亡问题，他被一个正在体育场训练的标枪运动员意外杀死了。根据希腊人的观念，流血必然导致污染；因此，即使是一起偶然事件，也必须确定谁应对暴力死亡负责。显然这起案件根据的是一起真实的事件，因为普鲁塔克讲述，有一个——

> 年轻人在某场公众运动会上无意地、违背自己意愿地杀死了一个观众，伯里克利与他的友人普罗塔戈拉进行了一整天的严肃讨论，争论的焦点是，根据最为严格、最为可取的理由，究竟是标枪还是投掷标枪的人，抑或是指定这场运动的运动会主办，才是这起不幸的原因。

根据普鲁塔克的观点，安提丰其实忽略了官方责任的可能性，因为事故被描述为不是发生在公开展览上，而是在体育场上，但他同时也补充了一个更难的复杂问题，因为他提出了死者本人可能也应对自己的死亡负责。安提丰的这些演说范文是具有实操性的，比智术师的练习更加接近真实的法庭演说。可能的解释是，安提丰是一名执业律师，因此比身处学校的理论家更加贴近现实。

能从事件正反两面进行辩论的能力的实际价值，在色诺芬的经历中体现了出来，他本人即是新式教育的产物。居鲁士死后，过去与这位伟大的君王没有任何嫌隙的著名的万人大军（Ten Thousand）接受了他的安全返回到爱奥尼亚的邀约。但 158
是，当时人们对负责执行条约任务的官员是否忠诚有所怀疑，有士兵代表团向克利尔库斯（Clearchus）抗议，反对再继续信任忠诚誓言政策。克利尔库斯的回答指出，鉴于自然条件和军事条件的艰难，没有任何其他选择。

> 你们看到，倘若被迫交战，没有骑兵来帮助我们，但敌人的情况正好相反。他们的军队不仅骑兵最多，而且是最为精锐的部分，所以如果我们胜利了，我们也杀不了任何人，但如果我们被打败了，我们没有一个人能够生还。

色诺芬清楚地知道，这种观点千真万确，但几个星期后局势发生了变化；国王抓住并杀掉了克利尔库斯和其他四名将军，这时希腊人要么抄近路去海边，要么无条件投降。色诺芬被选为将军，取代了其友人普罗塞努斯，他发现最好尽量降低克利尔库斯所强调的骑兵缺乏的问题的重要性。

> 如果你们当中有人因为我们没有骑兵，敌人有许多可以调用的骑兵中队而感到沮丧，那么请想一想这条原理：一万匹马只等于马背上的一万人，既不多也不少。有哪个人曾在战斗中被马咬死或踢死吗？战斗中的任何事情都是人做的。其实，我们立在结实的小腿上比那些骑兵位置更好：他们挂在自己的马上，不仅极度恐惧我们，还要担心从马上摔下来。而我们稳稳站在大地上，不仅能够承受比我们的攻击者重得多的击打，还能够更加稳定地瞄准我们想瞄准的人。有一点我是承认的，他们的骑兵有优势：逃跑时他们比我们更安全。

159 色诺芬深知这些论点的谬误之处，同时也在几天之内组织了一小队骑兵。但大敌当前，他幽默的演说实现了鼓励希腊人反抗国王，正视他们所面对的困难的目的。因此，在一个突然被推上一群散兵游勇的将领位置的战地记者手中，智术师学校的那些常见的练习发挥了奇效。

让年轻人对这些练习感兴趣并非难事。柏拉图在《理想国》中评论道：

> 你一定已经注意到了，当那些年轻人第一次尝味到这些讨论的时候，由于觉得好玩，便喜欢到处跟人辩论，并且学着那些驳斥别人的人的样，自己也来反驳和批驳别人。他们就像一些小狗一样，用言辞去拖拉、撕啃走近他们的任何人。

在《申辩篇》中，苏格拉底抱怨说，他招致了许多公民的忌恨，因为在他寻找比他更智慧的人的过程中，那些始终陪伴着他的青年们经常独自省察人们，给他们的长辈带来了极大的不安和烦恼。“我想这些青年发现了无数的人是自以为知道一些，其实知道的很少，甚至什么也不知道。于是，那些被他们省察的人对我生气了，却不对他们自己生气，说什么我把青年都败坏了。”色诺芬在《回忆苏格拉底》中记录下来的正是苏格拉底想到的这种交叉询问。有一天年轻的亚西比德对自己的叔叔说：

伯里克利，您能给我一个法律的定义吗？

（伯里克利回答说）毫无疑问，你的问题根本不是一
个难题。在公民大会上多数人批准并颁布的那些即是 160
法律。

但是，假如在一个寡头政体治下，是少数人而非多数人立法，他们颁布的是法律吗？

城邦的统治者颁布的都是法律。

那么，假如一个僭主统治着城邦，他发布的条例也是法律吗？

是的，僭主颁布的也被称为法律。

那么，伯里克利，什么是暴力和不法呢？难道不就是当强者迫使弱者实现其意志而不与之商量吗？

是的，我想是这样的。

那么，当僭主强制公民时，是非法吗？

似乎如此。那么，我现在收回我说的僭主的条例是法律的那句话。

那么，对多数人进行强迫的少数人所颁布的法律，我

> 们又该说什么呢？
>
> 无论何时，任何人迫使他人去做违背其意志的事情，不管是假借立法还是别的什么，它都是暴力，而非法律。
>
> 那么，当平民立法，而未征求富有阶级同意，那是法律还是暴力？
>
> 亚西比德啊，当我还是你这个年纪的时候，我也很擅长这类讨论，因为我们经常在辩论中练习这些你现在正拿来试探我的细微差别。
>
> 好吧，伯里克利，要是我在您的巅峰时期认识您该多好啊！

这些智术师学校的“产品”经常光顾集市，他们在那里以生硬的语言热切地讨论着当时著名的法庭胜方。阿里斯托芬在《骑士》（*Knights*）中夸张地描绘了这些集会中的一幕。

> 我只是说那些聚集在香膏市上的年轻小伙子，他们这样谈论着：“斐阿克斯（Phaeax）能言善辩。他大获全胜，
> 161 逃脱了死刑判决。他咄咄逼人，不容反驳，妙语连珠，论辩犀利且有实效，简洁有力，并且最善于压制过度的吵闹和喧哗。”

作者用许多以“-ικος”结尾的绰号矫揉造作地描写斐阿克斯，对此只能尽可能地用以“-ive”结尾的单词进行翻译。对这种结尾的使用无疑是当时集市上那些唠唠叨叨的人的众多语言时尚之一。阿里斯托芬在另一段中刻画了这些青年其中的一个，他对一起微小的法庭胜利感到骄傲。

> 你以为我不知道你这种人吗？你这样的人比比皆是。你对某个外邦人或入籍者提起了两个半银币的诉讼。你戒了酒，你夜以继日地打磨你的演说稿，即使走在街上也在练习。你向自己的朋友背诵精选的段落，让他们生厌。结果当你胜诉时，你就以为自己是一个演说家了。

即便如此，当面对一个未经训练和没有经验的诉讼当事人时，这些初出茅庐的演说家也是危险的对手。当阿里斯托芬的《云》中的斯瑞西阿得斯希望自己的儿子受到教育时，阿里斯托芬刻画了一个既有趣又可悲的场景。一位老人落入了一个青年专家的手中，而这位专家已经学会了“规避诉讼，有说服力地反驳和传唤”。那个老人则属于较早的一代，正如阿里斯托芬所言，那时“‘谁能发表精美的演说？谁精于诉讼？’这不是我们成年的证明，‘谁能划船划得最好’才是”。下面是那个老人的抱怨：

> 我们这些老兵指责城邦。我们过去在壮年时期为你们在海上打仗，上了年纪就被忽视，还遭受厄运和羞辱。这合适和正当吗？让青年人夸示他们钟爱的法庭技巧，这正确吗？
>
> 用令状和票证与我们格斗，嘲笑我们的年老？ 162
>
> 我们现今已失去自己的乐章，虚弱不堪，单调乏味，孤苦伶仃。
>
> 我们艰难站在法庭旁边的石头上，喃喃自语，腐朽不堪，
>
> 除了这法庭的乌烟瘴气便什么也看不见。

一个年轻人来了,为自己谋取了控告人的地位,

灵活地用演说鞭挞我们,快速地投掷字句;

他的提问像匕首,无论说什么都设置了小小的法律陷阱,

他揪住老迈的提托诺斯(Tithonus),让他惊慌失措,稀里糊涂,

他颤动着瘪嘴,咕哝着退出法庭,在被定罪和处罚后离开,

他呜咽着走向自己的友人,低语:

"我节省下来的棺材本现在都必须全部拿出来去缴罚金。"

类似地,还有更多的抱怨。合唱团的裁决是:

从今往后必须是老年人放逐老年人,或没收其财产(如果他逃亡的话),

年轻人放逐年轻人,或没收其财产(如果他逃亡的话)。

在阿里斯托芬的《云》中,新式教育的愤世嫉俗的拥护者极力强调懂得如何演说的好处。

你离开了正确的道路,你忙于诡计,你被困住了。那么,你什么也做不了,因为你不知道怎样开口。但是,快同我交游,任意取乐,跳啊,笑啊,认为这世上并没有什么可耻的事情。就算你不幸被人家捉奸捉住了送上法庭,你也

> 可以辩护说自己全然无罪：引宙斯为证，说神尚且会被情欲和美色征服，何况你一个凡夫俗子能比得过神吗？

同样，在柏拉图的《理想国》中，格劳孔（Glaucon）为了证明自己“不义比正义好”的论点所描绘的那个大反派的限制条件之一，即“倘若他的恶行为人所知，他就具备有效演说的能 163
力”。在《高尔吉亚》这篇部分致力于批判修辞学的对话中，身为一位修辞学冠军的卡里克勒斯建议苏格拉底放弃追求哲学，因为哲学家对一个绅士所应知道的所有事情都一无所知。

> 苏格拉底，你为何无法在法庭上为自己的案件辩护，也不能为其他人的案件提供英明的建议。假如有人将你押至监狱，宣称你违法了，即使你是无辜的，你也必须承认自己不知道该怎么做。你头晕目眩，一句话都说不出来。当你出庭时，即使你的控告人是一个可怜虫和无赖，只要他选择要求判你死刑，你就将被处死。

因为正如同一篇对话中的另一个对话人波鲁斯（Polus）（他本人也是一部流行的修辞学著作的作者）所言的：“只要他们愿意，那些谙熟公共演说的人就可以像僭主一样杀死、欺压或驱逐任何人。”安提丰的一个当事人也表达了类似的观点。“许多人的情况是，尽管他说的是真的，却无法让人信服，并且不会有出头之日，因为他不是一个娴熟的演说人；而其他为自己的错误赢得信任的人却被宣告无罪，即使他是有罪的，只因为他们是聪明的演说人。”

无论是在公民大会上，还是在法庭上，抑或智术师的讲堂上,雅典观众都以优秀的演说术为乐。语言必须符合主题,表达要悦耳,姿势要恰当。他们对演说术的态度与我们对管弦乐的态度一般无二。演说中的一处错误就像音乐中的一个错误
164 音符。错误的发音尤其令人厌恶。有一位叫苏伊达斯(Suidas)的词典编纂者讲过一个故事,他以一种有趣的方式说明了雅典观众在这个方面的超敏感性。有一段时间城邦资金极度紧张。有一位出生外邦的钱庄掌柜提出以一种非常优惠的条件提供所需金额。在他演说过程中,他使用了错误的动词将来时形式“将借出”(to lend),这个错误相当于在英语中把“应当”(shall)和“将要”(will)混淆了。公民大会立刻沸腾了,人们拒绝考虑钱庄掌柜的诱人提议,直到他道歉并改正自己的希腊语为止。对于我们当前这一代经常从讲台和讲坛上听到不正确的英语却既不批评也不反对的人来说,这样的事情是难以想象的。这个故事或许不那么真实,但它的流传却证明了人们普遍相信这件事并非不可能发生。雅典人对语言干净的坚持有一个最近的现代类比是,一两代人以前英国下议院对大量错误的拉丁语引用的抗议。一个经典的例子是伯克对“税”(vectigal)的错误发音。据说德摩斯梯尼正是凭借自己同胞的这个品质曾经向埃斯基涅斯保证,雅典人相信他是一个雇佣军(μίσθωτός),并且当场就可以证明这件事。他问陪审员是否不认为埃斯基涅斯是马其顿的一个雇佣军(μίσθωτος)时,故意放错了重音。法庭每个角落的人们立刻都大声回应正确发音的“μίσθωτός”。对这件事的解释在注释者那里可以找到,
165 不过现代学者一般都不接受。然而,托名普鲁塔克在他的《德摩斯梯尼的生平》中讲述了一个不那么戏剧性但更加可信的故事,同样也说明了这一点。有一次,德摩斯梯尼在公民大会

上把"Ασκληπιος"说成了"Ασκληπιός"。观众们不仅纠正了他，而且当他试图为自己的错误辩解时还提出了抗议。

演说人实际上会批评对方的风格，这一事实体现了正确发音的重要性。埃斯基涅斯曾援引过德摩斯梯尼用过的一些尖刻而令人不快的演说比喻。"怎么能这样？"他对观众惊叫，"铁人们，你们怎么能忍受它们呢？"然后他转向自己的对手大喊："这些是什么，无赖？隐喻或者怪物？"还有一次，他在批评德摩斯梯尼的一句话时说："我记得这个表达，因为他的用词跟他这个人一样令人作呕。"如此挑剔的观众肯定会让没有经验的演说人感到惊愕。他们不时要为自己的语言缺陷道歉。安提丰有一位当事人是米蒂利尼的本地人，因此他在预料到可能的批评时说：

> 我的祈祷是，第一，假如我的舌头让我犯了错误，你们会仁慈，认为我的错误是由于缺乏经验而不是有罪；第二，如果我在任何方面很好地表达了自己，你们请不要把这种表达归诸我的聪明，而应该是真理的内在力量；因为正义要求任何在自己的行为上有罪的人不能因他的言论而被无罪释放，同理，一个在自己的行为上正义的人不应因为言语而被毁灭；因为言语上的错误是舌头的错，而行动上的错误却是头脑的错。

而且，苏格拉底请求陪审员不要对他抛弃了固定的辩论风格而使用自己的家乡话而动怒。这出悲剧在令人惊讶的程度上反映了法庭演说的流行。在埃斯库罗斯（Aeschylus）的《欧 166
墨尼德斯》（*Eumenides*）这部描写俄瑞斯忒斯在战神山议事会

前的审判的剧作中,不存在任何长篇的演说。争辩都是以简短的对话形式进行陈述和回答。在索福克勒斯的剧作中有一些较长的演说,其中陈腔滥调、普遍的情感和熟悉的格言以可能是较为古老的演说术的方式占据着支配地位。然而,尽管欧里庇得斯几乎与索福克勒斯同一时代,但他却创作出了有条不紊的长篇演说,从而跻身当时最好的法庭演说家行列。没有人试图在所有部分复制一篇法庭演说,不过人们偶尔也会承认开场白的熟悉的陈腔滥调。"我没有在人群面前说话的技巧。""永远不应该是言胜于行。"毫无疑问,欧里庇得斯将如此众多的演说术和争辩引入自己的戏剧是在迎合盛行的大众口味。杰布评论说:"可能没什么对比是比(埃斯库罗斯的)《欧墨尼德斯》的审判场景的异常贫瘠、(索福克勒斯的)《大埃阿斯》的缓慢而又有节奏的争议和(欧里庇得斯的)《俄瑞斯忒斯》的真正的法庭上的精妙之间的对比更加意味深长的了。"

另一方面,喜剧几乎没有显示出或根本就找不到当时的演说术对其形式的影响。形式高于内容的流行趋势很快就被认为有害于城邦公民大会上提出的明智的建议(wise counsel),无论是关于审议的还是司法的。在高尔吉亚以其演说术轰动雅典的同一年,伟大的煽动者客蒙却严厉地批评了这种倾向。
167 客蒙本人即是一位娴熟的演说家,他掌握了所有的修辞资源,不过根据阿里斯托芬的说法,他束好自己的腰,在讲台上昂首阔步地走来走去,像尼亚加拉瀑布一样咆哮,这令许多好人大为震惊。在为判处米蒂利尼的成年男子死刑的严酷法令辩护时,他用尖刻的语言痛斥了人们对演说表演的普遍关注。

人民被聪明的演说家误导,对那些附属城邦作出了危险的让步。这时，公民大会的老练的成员应该给出好的建议，而不是择机就“抖机灵”和耍聪明，为博得群众的掌声而变成演说术上的对手。在这样的修辞竞赛中，城市把奖励赠送给别人，却把风险留给了自己。你们应该因为没有正确地安排这些竞赛而受到责备。当你们听演说时，你们太喜欢用自己的眼睛，但在行动方面，你们却用自己的耳朵。你们是每一个悖论的奴隶，并且蔑视熟悉的事物。你们中的每一个人，如果有可能，都想成为一名演说家。总而言之，你们任自己的耳朵摆布，你们端坐在那里，像出席智术师表演的观众而非城邦的顾问。不要相信雄辩能够获得的希望……既不要被怜悯误导，也不要被丽辞带偏……我们迷人的演说家将会有另一个展示的机会，在问题没有那么严重的地方。[7]

尽管人们普遍对演说术有着强烈的兴趣，但在触及自身利益时，他们却总是毫不犹豫地怀疑修辞学技艺，因为修辞学家普遍被认为是在吹嘘他们颠倒黑白，让坏的变好的本领。西西里岛的科拉克斯和他的学生蒂西亚斯之间有一段著名的诉讼故事。这个故事讲述的至少还有另外两位老师和他们的学生， 168
它要表现的与其说是最早的修辞学的真正特征，倒不如说是人们认为它极度不道德的普遍观念。科拉克斯承诺教授蒂西亚斯演说术，并且同意在蒂西亚斯打赢第一个案子后再收取他的学费。课程结束后，蒂西亚斯既没有操练所学技艺，也没有支付学费。最后，科拉克斯起诉了他，辩称如果蒂西亚斯胜诉，那

---

〔7〕 修昔底德(Jowett 翻译)。

么他将有义务根据契约条款支付学费；如果他败诉，那么他必须根据法庭裁决支付学费。“并非如此”，蒂西亚斯答辩称，“如果我胜诉了，法庭的裁决就会免除我的一切责任；假如裁决对我不利，我也不必支付，因为根据协议，在我打赢官司之前，无须支付学费”。法庭完全被这种进退两难的困境弄懵了，以“坏乌鸦，坏蛋”(Bad crow, bad egg)的评论驳回了此案。当时的文学作品反映出对知识分子阶级滥用修辞学及其倡导者毫无根据的自负态度。在柏拉图的以闻名遐迩的西西里修辞学家命名的对话中，苏格拉底问道：

> 高尔吉亚，什么是修辞呢？
>
> 修辞是在法庭和其他公民大会上关于正义和不正义的说服技艺（高尔吉亚答道）。
>
> 那么，在法庭和其他公民大会上，关于正义和不正义修辞会产生何种说服呢？是那种在没有知识的情况下给予信念的说服，还是那种给予知识的说服？
>
> 是那种仅产生信念的说服。
>
> 那么，修辞学家就不需要真正的知识；他只需要找到某种说服无知者的方法，使其相信他比那些知道的人有更多的知识即可（苏格拉底总结道）。

169 柏拉图的《泰阿泰德篇》当中有一段话具有同样的效果。

> 演说家和律师以其技艺说服人们，并让他们随心所欲地思考，但却不教育他们。你们能想象世界上有哪位老师如此聪明，以至于能够在一点水正在沙漏里流淌的功夫就

向他人传递他们没有亲眼目睹的抢劫和暴力行为的真相?

在伊索克拉底的政治和教育论述中,有许多段落都出现了对那种区分议会演说、赞咏演说和法庭演说的纯粹职业化和肤浅的敌视态度。以下是几段他的批评:

> 只有雅典才能支撑众多的演说撰稿人群体。他们在其他地方可能会挨饿。
>
> 法庭演说很无聊。它们只有在发表当天才能被忍受。
>
> 其他演说家在所有集会上都受到欢迎。从文学的角度来看,他们的演说术更胜一筹,观众对它的喜爱堪比诗歌。
>
> 那些教授更高级演说术(希腊演说、政治演说、赞颂演说)的人的学生,不会对他人的财产编造信息、提起诉讼和进行密谋。
>
> 演说撰稿人的客户是那些要么他们本人有麻烦,要么要为他人的麻烦负责的人。

在公元前423年上演的《云》中,阿里斯托芬强烈抗议智术师们推行的强调修辞的教育。喜剧的主人公是斯瑞西阿得斯,一个雅典农民,他因自己儿子对马肉的昂贵品位而负债累累;他抱怨无法“合眼,被讨债、开支和马厩吞噬……有些案子我已经败诉,还有一些誓言保证他们准备扣押……飞速增长的 170
消费已经夺走了我的财富。所以现在我彻夜想方设法,终于找到了一个方法,一个绝妙无比的方法”。他打算让他自己的儿子在苏格拉底的学园里接受两种辩论的教育。“在这两种辩论中，第二种是最糟糕的，它通过替不正义的一方说话获得胜利。假如你学会了这种不正义的辩论，那么我欠你的所有债我都永远不会偿还，决不，一个子儿也没有。”他的儿子不肯去。为了不耽误自己的计划，斯瑞西阿得斯只能亲自去上，不过他也不是没有疑虑。“我垂垂老矣，丢三落四，反应迟钝，怎么能学会精妙的逻辑之间的细微差别呢？”然而，他还是进入了学园，并宣布了自己想要学习演说的愿望。“由于我的债权人不断催债，我的利益被抢劫和掠夺，我的财产被扣押……我需要足够的训练，以利用法律的弯弯绕绕，甩掉我的那些债权人。”接下来的一幕描绘的是对苏格拉底方法的滑稽讽刺的场景，最后以对雅典律师候选人的考试收尾。下面是其中一个问题：

> 假设在法庭上书记员登记了一份罚你 5 塔伦特的判决，你要怎样避免它？请作答。
>
> 怎样？我也说不清。
>
> 永远不要封闭关于自己的想法，而是让你的思想像一只脚上拴着线的甲虫一样飞在空中。
>
> 我发现了一个聪明的规避判决的方法。你必须得承认这是极好的方法。你已经看到了药店里的那块石头，那块他们点火用的漂亮的透明石头，不是吗？
>
> 你说的是那块取火镜吗？
>
> 171 就是它。假如我拿到了其中的一块，当书记员开始登记那份判决时，我站得远远的，对着太阳，把那份不利于我的判决烧得一字不剩，你觉得怎么样？
>
> 真是聪明的计划。
>
> 啊，避免了一份 5 塔伦特的判决，我太高兴了！

下一个问题是：

> 作为被告，假如你确定会因为缺少证人而败诉，你要怎样反驳对你不利的案件？
>
> 这太简单和容易不过了。
>
> 那么，请告诉我。
>
> 好的。在我所面对的案子被传唤审理前，我就去上吊自杀。
>
> 太荒唐了。滚开。我不会再教你了。

斯瑞西阿得斯对自己的失败感到绝望，他再次尝试说服儿子去学习使用自己的舌头。斐狄庇得斯（Phidippides）同意了。起初，苏格拉底怀疑他是否有学习“规避诉讼、有说服力的反驳和传唤”的能力。但是，斯瑞西阿得斯坚持让这个孩子学习两种辩论，正义的和不正义的。他临走时给苏格拉底下了最后一道命令：教他的儿子驳倒一切正义。接下来苏格拉底在与前一代人流行的教育的对比中详细地控告和辩护了当时的教育。一边强调的是教育的道德层面，另一边坚持的是懂得怎样演说的价值。

那个年轻人下定决心支持不正义的辩论。斯瑞西阿得斯
又出现了，责令苏格拉底“教他，并鞭打他，记得为我磨炼好 172
他，一方面适合琐碎的诉讼，另一方面适合更为重要的诉讼”。对斐狄庇得斯的训练无声地结束了。训练结束后，斯瑞西阿得斯高兴地接到了自己的儿子。“哦，你们这些贪婪的人遭殃了，你们自己、你们的本金和利息都混合在了一起。你们再也不会打扰到我了，因为我在家里养了这样一个有着‘双刃剑’

般的舌头的儿子，他是我家的保护者，我的敌人的噩梦。”他随即遭到了急于讨债的债权人的攻击。这些都依次被承诺、玩笑、妙语和吹嘘打发掉了。有一个债权人要求他至少支付利息。

> 利息？那是什么野兽？
>
> 难道本金不是日复一日，月复一月，随着时间的推移，变得越来越多了吗？
>
> 说得好听！那又怎么样呢？你认为现在海里的水比从前涨了些吗？
>
> 它还跟以前一样。
>
> 可是，那些江河流进了海里，海水尚且不见高涨，然而你这个无赖却想着你的本钱变多吗？

斯瑞西阿得斯在摆脱了自己的债权人后，带着他的儿子参加了一场宴会。

在接下来的一幕中，斯瑞西阿得斯捂着自己的下巴冲到舞台上，抱怨他的儿子打了他。斐狄庇得斯紧随其后，大胆地宣称，他殴打自己的父亲是正当的，并可以提出令他父亲满意的证明。他提出了儿子打他们的父亲是正确的这一论点，并继续“把较差的理由变成更好的理由”。

> 173 我懂得了这种新的技巧和美妙的语言，能够睥睨那些陈规惯例，这是一件多么美妙的事情啊！记得过去当我玩赌马的时候，说不了三个词就要闹笑话。但是，当我改过自新，熟悉了那些微妙的论证、格言和沉思之后，我想我可

以说服你，责打自己的父亲是正确的。当我还是一个小孩的时候，你没有责打过我吗？

打过，因为那是疼你，为你好呀！

那好，你既然说为我好而打我，我如今也照样为你好而打你，这又有什么不对呢？我的身体应该挨打受罚，你的身体就不应该吗？我不也和你一样生来是个自由的人吗？你以为儿子应该叫疼，父亲就不应该叫疼吗？但你会说，只有儿子才挨打，这是习俗。可是我要告诉你，人一老了便会"返老还童"，老年人比年轻人更应该挨打，因为他经验多了，更不应该做错事情。

但是，没有哪个地方的法律和习俗要父亲们受到如此对待。

可是，难道立法者不是像你我一样的人，他先制定了法律，然后再来说服老年人？我为什么不能为我们未来的儿孙后代规定一条新法律，让儿子责罚他们的父亲作为报复？想想小鸡和其他家畜吧！它们尚且和父亲打架。可是除了不制定法律之外，它们与我们有什么不同呢？

那么，既然你什么事都学公鸡，你为什么不在仓院里刨食、在栖木上睡觉呢？

但是，老头子，这不是一回事。

这样看来，你还是不要打我了吧，否则总有一天你会对此感到后悔。

怎么说？

因为既然我有权打你，接下来如果你有儿子的话你也将有权打他。

> 但是，万一我没有儿子，岂不是白叫你打了？那你要笑话死我了。

斯瑞西阿得斯对此没有任何回答，而是转向观众悲伤地承
174 认自己被说服了。《云》以其明显的荒诞和谬论描绘了两种类型的公民。斐狄庇得斯对应的是新式教育的年轻“产品”，他们在市场上懒洋洋地闲逛，或者靠着自己善于说俏皮话的能力，以损害像斯瑞西阿得斯这样的粗鄙公民的利益为生，这些人还没有学会使用自己的舌头。在这种情况下，从伊索克拉底那里得知“没有人不向天祈求雄辩的天赋”，也就不足为奇了。

第九章　诉讼策略和技术性细则

雅典法律教育中对于修辞和辩论的重视，往往会掩盖其他同样极为重要的特征，如法律解释、案例援引、特别抗辩的使用、证据出示，以及一个懂行的诉讼当事人能够用以为难那种不那么熟练的对手的所有策略。然而，这些特征和其他同属诉讼基本特征的特征无疑也是以某种方式被传授的，只不过它们在文献之中很少受到关注。像欧蒂德谟这样的智术师宣称要教一个人“在其受到损害时如何使用法庭的武器”。在阿里斯托芬的《云》中，斯瑞西阿得斯去苏格拉底的滑稽的法律学校时，渴望成为一本“行走的法令书”，并且“学会扭曲法律，甩掉我的那些债权人”。而同一部喜剧还告诉我们，希帕波鲁斯，这位臭名昭著的煽动家，学会了“规避诉讼、传唤和有说服力的反驳”。在斯瑞西阿得斯上完课程之后，老师向他提出了一个问题：“假设 175

法庭对你作出一份 5 塔伦特的判决,你要怎样避免它?”当然,这只是一个取自喜剧舞台的问题,它表明学生们试图让自己熟悉诉讼的弯弯绕绕,我们还可以用柏拉图的一段话进行补充。

> 176 还有一种更加败坏的情况:一个人的一生都是在法庭上消磨过去的,要么是作为被告,要么是作为原告,而且他还趣味粗劣卑下,竟对这样的事情洋洋自得。他似乎在行不义的事上是个行家,在躲避攻击上又是个里手,能在一切缝隙里穿插钻营,屈身蜷曲,总能逢凶化吉,化险为夷。

雅典的法律是会被公布出来的,公布的方式有两种,一种是铭刻在国王大首席任职的王室门廊的木头或大理石上,另一种是送交众神之母神庙(Metroon),在那里所有公民都可以看到它们。[1] 详尽的立法制度及其对一切法律提案和修正案的书面和口头公布的充分规定,再加上如此众多的公民对年度法律修订大会的参与,这些都保证了所有被采纳的新法律得到关注。此外,在司法过程中,如此众多的人作为仲裁员、地方行政官、陪审员和当事人参与其中,更不用说观众了,以至于当时的普通公民必然会比现代社会的公民更加熟悉法律,现代社会的公民被推定为了解国家法律,不能以对任何具体法律的无知为抗辩来逃避惩罚即不知法律不免责(*Ignorantia legis non excusat*)。但是,无论雅典人可能通过这些随机的方式多么熟悉法律,这些知识对于那些以私人或职业身份参与诉讼的人来说都是不够的。关于对城邦法律的系统性教学,我们在文献中很少

---

〔1〕 Weiss, *Grieschisches Privatrecht*, p. 34 ff.

能看到,或者根本看不到。在有关这一主题的论述中,学生都被假定是了解法律的。当时很可能已经出现了适当编排过的用于学习和参考的法律和命令汇编。但是,在公元前4世纪末 177
亚里士多德开创了收集各种材料用于科学目的的风气之前,都没有任何法律汇编方面的记录。演说人在援引一条法律时,要么用自己的语言把它陈述出来,要么让书记员宣读一份副本。然而,安提丰从来没有提到过法律副本。他要么假设陪审团对法律有所了解,要么以非常概括的方式提及了某些法律条款。没有任何迹象表明,在法庭上出示的法律副本是官方的。事实上,与现存的法律片段的比较似乎表明,诉讼当事人在省略和词序换位方面允许自己有相当大的自由空间。只要引用的内容并非与原文有实质区别就足够了。实际篡改法律会受到严厉的惩罚。

亚里士多德提出了几种处理恶法的方法。

> 如果成文法与他的案件相反,诉讼当事人必须诉诸普遍法,就像安提戈涅那样,当她违反克里翁的命令,不埋葬她哥哥的尸体时,是因为普遍法要求亲属用适当的葬礼仪式埋葬死者。同样,如果法律条文是不利的,人们可以诉诸法律精神或诉诸高于法律的公平。

例如,他设想了一个案子,一个人可能会根据一项法律而被起诉,该法律规定对用铁器打人的人要进行严厉的惩罚,因为他挥拳的时候正好戴着铁环。“根据成文法(法律条文),他应该受到惩罚,并且已经犯了罪,但其实他在事实上并没有犯罪,这里就存在衡平问题。”

178 成文法解释是现代诉讼的一个重要特征。一旦一条法律被终审法院解释，该解释就对随后的所有案件都具有约束力。但是在雅典，每个法庭都是至高无上的，可以按照它认为合适的方式解释和适用法律。可以想象，正如亚里士多德所暗示的，这种情形会鼓励诉讼当事人通过巧妙的解释竭力扭曲法律以为自己谋利。“诉讼当事人应当看到，妨碍他的法律是否与任何经过核准的法律不符，或者与法律本身不符……也请他还要观察法律是否模棱两可，以便他可以为了达到自己的目的而扭曲它。”后来的修辞学家提出了许多关于相互矛盾和模棱两可的法律的例证。一条法律规定，一个在法律上与父亲断绝关系的儿子不能继承父亲的任何财产。另一条法律规定，留在被遗弃的船上的人可以得到船上的货物。那么，假如那个留在船上的人就是物主的已经断绝关系的儿子会怎样呢？还有一条法律禁止妓女佩戴珠宝，违者以充公（δημοσια）论处。但是要充公的是什么呢？是那个女人，还是那些珠宝？一名妓女被逮捕了，起诉人重读该单词的倒数第二个音节“δημοσία”（充公），主张它指的是那个女人，并要求对她进行出售，但是那个女人重读该单词的倒数第三个音节“δημόσια”，主张它指的仅是珠宝。[2]

法律与自身、与其他法律、与普遍法、与衡平之间的冲突，在学校里得到了相当多的关注，这些是作为精巧辩论的话题，
179 而不是法律解释的运用。总的来说，在现存的演说中，亚里士多德所介绍的这类讨论例子相对较少。诉讼当事人不愿表现得像一个法律专家，以免有讼棍之嫌；他们倒是希望表现得平

〔2〕 直到公元前2世纪希腊语书写都还没有重音。

易近人，绝不比旁听者高人一等。事实上，诉讼当事人有时会为自己熟悉错综复杂的法律而道歉。那些他无法控制的情况迫使他必须掌握可以适用于他的案件的法律的专业知识。吕西亚斯的一位当事人以一种最为有趣的方式遇到了一个对手的争论，他的对手坚持对法律关于诽谤规定的一个单词进行字面解释，这将会给学校里的最天才的修辞学家争光。原告以诽谤罪起诉一个叫特奥姆内斯图斯（Theomnestus）的人，声称他曾说过"他杀死了自己的父亲"。特奥姆内斯图斯在仲裁员面前似乎承认他用过这个表达，但他辩称，"杀死了自己的父亲"这句话是不可诉的，因为法律禁止任何人称另一个人是杀人犯（homicide）。除了在学校辩论之外，在任何地方提出这类抗辩似乎都令人难以置信。但是，英美国家的法院确实因为更离谱的原因驳回了许多指控。[3] 无论如何，仲裁员都裁决支持了 180
特奥姆内斯图斯，于是原告提出上诉。这次他决心不再冒险，用将近一半的演说来阐述这一点。他一开始就表示，他相信陪审员们关心的不是文字，而是它们的含义。他说：

> 正如你们所知道的，杀人犯是指一个杀死他人的人，任何一个残杀他人的人都是杀人犯。我们无法过分期待立法者给出和其他可诉的字眼全部对应的词。我想，你，特奥姆内斯图斯，并不会考虑去控告一个称你是"弑父

〔3〕 英国有一起发生在1608年的案件，诽谤性的文字是这样的："托马斯·霍尔特爵士用一把砍肉刀袭击了自己的厨师，劈开了他的头颅；(它)一半耷拉在一边肩膀上，另一半耷拉在另一边肩膀上。"这是在逮捕判决中提出的，这些文字是不可诉的，因为不能断定厨师被杀死了。法庭支持了这一观点，并驳回了此案（Holdsworth, *History of English Law*, Ⅷ, 360）。

者”(parricide)的人,尽管这是一个可诉的字眼,而且也不会起诉一个说你“杀害了赋予你生命的人”的人。我想知道,假如有人说你“抛弃了自己的盾牌”,你作为一个有资格在这一点上发表意见的人是否会因为法律规定的是“丢”(throw)而不是“弃”(cast)而毫不在意?(这是高明的一击,因为当前的案子产生于对特奥姆内斯图斯丢掉盾牌的控告。)假设你是十一人委员会的成员,你会因为一个人没有被起诉书描述为一个“斗篷掠夺者”,而驳回针对他的以“抢夺斗篷罪”为指控的案件吗?

按照这种思路,原告又继续讲了一页多,最后结尾时他援引了一些古老成文法的章节,其中包含一些过时的文字,他庄重地向被告解释它们,以希望被告“即便在这个较晚时期也能加强自己的教育,从而不再给人们添麻烦”。这个案件在普通法诉讼中绝无仅有。对于一条法律中的一些术语的含义或许会有一些评论。例如,吕西亚斯的另一位当事人解释说,“意图伤害”的意思是“意图杀人,而不是意图去伤害”。但是,当对一条法律的解释有争议时,如在控告非法立法的案件中,演
181 说者会毫不犹豫地展示出他们的博学。其实,那些专门处理这些案件或在修订法律的法庭上作为辩护人出席的人,其博闻强识和独具匠心毫不逊色于现代宪法专家。德摩斯梯尼有一篇反对亚里斯多克拉底的演说,其中包含一份关于处理杀人行为的法律的完整论述,这是该主题的重要文献来源。事实上,它是一份经典文献(*locus classicus*)。而且,在反驳提莫克拉底(Timocrates)的演说中,至少有 17 部法律和法令被阅读、分析和讨论。

英国和美国的律师不仅必须知道普通法的原则和他们所在司法管辖区中生效的成文法，而且必须或多或少地熟悉那些案例，以及其中被权威地解释和适用的法律。法律不仅存在于成文法中，而且也存在于终审法院的裁决中。但是，雅典的法庭不受先例的约束。[4] 因此，雅典学法律的学生在很大程度上被免除了自行熟悉判例法的沉重负担。但是，他们也不是完全不用承担，因为即便法官有权自由地无视先例，可是任何一组法官都不会不对一个先例印象深刻。亚里士多德建议引用一些可能为陪审员所熟悉的案例。在现存的演说中，引用案例的情况屡见不鲜。在阿里斯通诉康农（*Ariston v. Conon*）一案中，原告是德摩斯梯尼的一个当事人，他指控被告应对袭击负责，因为他出现在了他儿子实施凶杀的现场，尽管他并没有参 182
与。原告引用了布劳隆（Brauron）女祭司的父亲的案例，他因教唆杀人而被战神山议事会放逐。安提丰举了若干例证说明证据不足时给人定罪的危害。德摩斯梯尼提到了几个最近的所有人都记得的案件，以证明法庭可以推翻公民大会关于归化的决定。此外，伊索克拉底还举出了一个公民的案件，当时这个公民被指控在担任大使时贪污，却在公元前 403 年成功地获得了赦免。但是，没有哪里比德摩斯梯尼诉梅迪亚斯（*Demosthenes v. Meidias*）一案更加接近现代法庭对先例的讨论了。事实上，正是这个例外证明了这一规则。德摩斯梯尼预料到被告会提出一些犯下类似袭击而没有受到惩罚的人的例子。他挑选了其中两个，并通过指出案件中情有可原的情节的方式，进

---

〔4〕“在大多数欧洲大陆国家，法庭的裁决会在辩论或讨论中被提及和使用，不过法庭明显不受遵从先例的约束”（Pollock，*A First Book of Jurisprudence*，p. 240）。

一步把它们与当前的案件区分开来。他又引用了其他几起案件以说明,雅典人在酒神节时期即使对轻罪的惩罚也是非常谨慎的。一个叫克忒西阿斯(Ctesias)的人因在游行队伍中殴打私敌而被处死,另一个人则因在庆祝神秘仪式(mysteries)期间抓捕一个判决债务人(judgment debtor)而被处以重罚,险些没有逃脱死刑。雅典法庭上所引用的许多案例在现代法庭上都是无法使用的,因为它们仅仅表明那些法庭的政策和公众舆论的导向。雅典的先例所发挥的影响不是法律上的,而是心理上的。对手很快就会发现抵消这些先例的影响实乃明智之举。
183 埃斯基涅斯有一次说:"那个被告,假如他提到的是事实,他告诉你的不是说他的提议合法,而是有其他人在他之前已经提出过类似的措施,并被宣告无罪。"〔5〕

没有任何迹象表明,官方记录被用于案件查阅。在像雅典这样的城邦,总是有如此众多的人卷入诉讼,因此不费吹灰之力就可以在最近的案件中找到合适的先例。亲戚、友人和熟人的记忆都可以为诉讼当事人所用,他根本无须查阅官方记录。德摩斯梯尼在反驳梅迪亚斯的演说中说:"有人告诉我,他(梅迪亚斯)正在收集案例,询问有什么人曾被袭击过,他打算提出这些案例,并向你们讲出它们的原委。"

英国普通法为了获取最佳的可用证词所发展出来的证据规则是非常详尽的。英国和美国的律师在询问和交叉询问证人时所展现出来的许多技巧和机敏,以及双方律师在这段或那段证词的可采性上的频繁争论,往往会使法庭程序活跃起来,否则对观众来说就实在太乏味和无趣了。这些特征是雅典的

〔5〕 Dobson, *The Greek Orators*, p. 185.

制度中完全没有的。希腊司法活动的早期阶段与其他地方一 184
样,很少或者甚至说根本没有努力通过言辞或书面证据来证实当事人的陈述。[6] 当时的人们设计了真实性检验以代替证据。人们所熟悉的例子是神判法(ordeal)的审判,或者是当事人本人的证据宣誓,或是当事人与那些发誓自己的誓言属实的助誓人的共同宣誓。偶尔也有足智多谋的法官设计出新颖的检验方法。因此,为人津津乐道的所罗门审判就是一种真实性检验,而不是一种令人毛骨悚然的妥协。即使在公元前5世纪和公元前4世纪的雅典审判中,与现代的要求相比,证据也是不足的。在雅典法庭上,宣读提交上来的宣誓书和其他文件,会给人一种对所争论的事项了解极不充分的感觉;但仔细阅读英国或美国案件中的证据,将会使读者完全掌握案件事实。在雅典法庭上产生的这类言词证据从来不接受交叉询问。在公元前4世纪,用宣誓书代替口头证词进一步削弱了其价值。证人经常会被诱导签署一份不能通过在公开法庭上提问获取的书面陈述。与现代言词证据最接近的是一方当事人在法庭上所遭受的其对手的询问。诉讼的一方当事人不能为自己作证,但他必须在审判过程中回答对手提出的问题。这些质询(interrogatories)只有很少一部分被保存下来。但是,它们在公元
前5世纪无疑是十分常见的。在阿里斯托芬的《阿卡奈人》 185
中,一位老人抱怨说,他和其他像他一样的人在诉讼中很容易成为精通新修辞技艺的青年的受害者,因为那些青年"传唤我们,交叉询问我们,设置细微的法律陷阱"。对专家来说,这是

〔6〕 关于证据的详细讨论,请读者参阅伯纳:《雅典法庭上的证据》(Bonner, *Evidence in Athenian Courts*, University of Chicago Press)。

一项宝贵的特权。根据柏拉图在他的版本的辩护中所说的,在苏格拉底手中,他的主要控告人莫勒图斯作出了有害的承认。所有关于修辞学的书籍都会关注质询,但普通的诉讼当事人觉得这项特权几乎没有什么价值,尤其在他购买了演说稿的情况下。演说撰稿人只有在那些能够以合理的确定性预见到回答的案件之中,才能列出质询问题。这样的承认价值很低,况且总是存在被质询的一方当事人大胆地诉诸谎言的危险,特别是在他没有宣誓的时候。即使可以提出证据来证明回答是假的,这也是一个严重的拒绝。在被记录下来的审查中,没有提取出任何有价值的信息。因此,被吕西亚斯的一个当事人指控牟取暴利的那些谷物商人就潇洒地承认了这一指控,但他们声称他们的所作所为都得到了官方的批准。由于这些原因,就演说撰稿人而言,这种做法逐渐被废弃了,不过那些有能力处理自己案件的人,如果他们有任何交叉询问的技能的话,无疑会继续利用这项特权。

除了排除妇女、儿童、奴隶和案件当事人的证词资格的规
186 则外,主要的证据规则是禁止传闻证据,原因是那些传闻的陈述通常都不可信。但是,一个渴望在法庭上获得成功的人必须知道还存在一些例外情况。其中有一个公认的一般例外,它出现在原证人死亡的情况下。这一例外包括生前陈述,以及死者关于血统和家族史事项的声明。在英国法律中,死者在商业过程中的账簿被视为书面的传闻证据。雅典也是如此。演说家最常用的例子是已故钱庄掌柜的文件。

在某些情况下,即使原证人还活着,传闻证据也是可以被采纳的。假如一个人因自己不适格或不愿作证而不能作为证人出庭作证,那么可以通过任何听过他的陈述的人的证言将其

陈述提交法庭。如前所述,诉讼的一方当事人虽然从技术角度来看不是一个适格证人,但是可以在法庭上接受询问,也可以通过一个被准许出庭的人的证词的方式在法庭上得到他的承认。对于没有经验的诉讼当事人来说,这比在陪审团面前接受直接询问要安全得多。被传唤以证人身份出庭的人可以以他对事情一无所知为理由拒绝作证。倘若其拒绝其实是由于贿赂,或与案件的关联,而不是对案件事实的无知,则在可能的情况下,惯例是提出与他在法庭上的陈述不符的承认证据。

与传闻证据密切相关的是可以方便地称为“司法外证词” 187
(extra-judicial depositions)的东西。那些身处法庭管辖范围之外或因病重无法出庭的人的证词可统一为在证人面前写成的书面形式,然后由证人后来在法庭上通过证明宣誓书的形式对它进行确认。演说家有时会把这个与传闻证据相混淆,但证词(deposing)证人和证明(attesting)证人都要对伪证负责,这一事实清楚地区分了司法外证词和传闻证据。在传闻证据中,报告陈述的人负有责任,而作出这个陈述的人却没有责任。

一切都应由证据加以证实,这是可以追求的,但不是必需的。因此,雅典诉讼当事人的演说与现代律师的发言根本不同,因为其中包含的许多事项在现代法庭上只能以证据的形式提出。陪审员有权把自己的裁决建立在演说人未经证实的陈述之上,只要他们认为这些陈述是可信的,或者也可以根据他们对案件的独立判断进行判决。雅典法庭的诉讼程序是如此的不正式,以至于法官们会在审判过程中毫不犹豫地与邻居进行交流。事实上,演说人经常敦促陪审员告诉其他人关于案件的某个具体方面他们知道些什么。人们经常承诺证实,却永远不会真的兑现。演说人通过错误地声称某些事情是许多人都熟悉的来欺骗法官，这也是经常被控告的对象。

188 挑战（challenges）在诉讼策略中发挥了重要的作用。由于妇女和奴隶不是适格的证人，因此除非经过同意，否则他们的证据就不可采用。如果一个演说者认为他的对手的奴隶知道那些支持他自己的论点的事情，他就可以向对手发出挑战，要求他交出奴隶进行拷问。或者，他也可以主动交出自己的奴隶以接受审查。在任何一种情况下，都存在一个有约束力的协议，即奴隶的回答应是最终的，并且可以解决案件那个阶段的分歧。同样，可以提供或要求妇女的宣誓证据，同时应对她在宣誓后的陈述将是最终的这一点心照不宣。因此，如果挑战被接受，它就可以结束整个争议而不用再进行进一步的诉讼程序。实践中，挑战似乎很少被接受。一个被拒绝的挑战使演说人能够在没有得到证实的情况下阐明他声称可以被妇女、奴隶或隐藏的文件所证明的一切内容。挑战被拒绝还有另一个好处，那就是举证责任的转移。对手立刻就会被迫处于守势。抵消一个被拒绝的挑战的影响的最佳方法是提出一个反挑战。

英国刑事诉讼程序中的许多最令人反感的技术性细则都是由于法官们的努力，他们身处一个较为开明的时代，要保护罪犯免受旧刑法的极端严厉之害，因为这些旧刑法剥夺了被告那些现在被认为属于最基本的权利的东西。18 世纪较为人道的法官开始坚决要求皇家检察官严格遵守法律的所有要求。
189 例如，最轻微的错误也可以使起诉无效。[7] 当立法最终赋予被告人更为开明的处遇时，（进一步被刑事律师的创造力迅速

〔7〕 Dillon, *The Laws and Jurisprudence of England and America*, p. 368–369; Kenny, *Outlines of Criminal Law*, p. 538, n. 4.

增加的)旧的技术性细则就不再被需要了,它们在 19 世纪大多被废除了。在联邦的一些普通法州,尚未通过相似的成文法,以至于外行有理由怀疑许多过时的技术性细则仍然存在。雅典的诉讼程序完全没有这种类型的技术性细则。端坐在审判席上的雅典的外行希望一次开庭就可以一劳永逸地解决整个案件。被告一方的任何延期听证或将其限制在案件某一特定方面的努力,都会被怀疑是在耍花招,以逃避付款或惩罚,而一个无辜的人是不会这样做的。原告和控告人随时准备通过严厉地批评他们对手的方式加剧这种怀疑,不管这些对手以何种理由不愿立即把整个案件呈交审理。以下是德摩斯梯尼反驳拉克利托斯(Lacritus)的一篇演说的开场白。拉克利托斯是一名法塞利斯商人,他在回答一个雅典放债者的主张时提出了异议,认为自己与原告之间根本就不存在任何契约关系。

> 雅典人啊,法塞利斯人所做的还是老一套,这就是他们行事的习惯。他们是出了名的会在与你交易时问你借钱,但当他们拿到钱并起草了一份海事契约之后,马上就
> 忘记了契约和法律,并认为如果他们偿还了债务,就像失 190
> 去了自己拥有的东西一样。而且,他们不仅不还钱,还会不择手段,提出特别抗辩和债务免除。

这只是一份谴责。还有一份来自归到德摩斯梯尼名下的另一篇演说的摘录也具有同样的效果:

> 在所有的审判方法中,通过特殊的宣誓书(特别抗辩)是最不公正的,采取它的当事人也最应该受到你的不

满,这点你将从我下面要说的话中清楚地看出来。首先,它不像其他程序那样必要。它只在对宣誓书发誓的那方当事人作出选择和有强烈的愿望时出现。如果除了你对这类宣誓口供发誓之外,没有任何别的方式可以对有争议的主张进行判决,那么或许发誓是有必要的。但是,如果有可能在没有特殊的宣誓口供的情况下在全体法庭上获得听证,那么难道这一步骤不是一种鲁莽和彻底绝望的表现吗?立法者并没有强制要求双方当事人必须采取这样的做法:他允许他们在愿意的情况下提交一份特殊的宣誓口供,这就像他用我们几个的性格作为证据,看看我们在何种程度上更倾向于做出鲁莽的行为。还要注意:如果提出这些特殊抗辩的当事人为所欲为,那么就既不存在正义的法庭,也不存在他们进行审判的理由:因为特殊的宣誓口供的本质恰恰是终止一切程序,阻止把问题提交到法庭上,这至少是发誓的当事人的意图。所以,我认为这些人应该被视为所有人的共同敌人。

对于类似的攻击,钱庄掌柜佛尔米奥也不得不予以回应。他被自己臭名昭著的继子阿波罗多鲁斯以一个旧的主张起诉,起因是他对阿波罗多鲁斯生父帕西翁的遗产的管理。在答辩中,他不仅抗辩这一主张已得到满足,而且认为它是不合法的。

雅典人啊,你们注意听,法律除了其他事项还规定,对
191 于那些一个人已经免除或清偿的东西不应存在任何诉权。这是合乎情理的,因为如果人们不应对此前已经审理过的案由提起新的诉讼是正义的话,那么对已经被免除的主张

> 不应存在任何诉权，就更是正义的。因为一个人如果因你们的裁决而败诉，他可能会说你们都被欺骗了，但是当一个人明白地自行决定并进行免除和清偿时，他除了自怨自艾，还有什么资格对同一事项再行起诉呢？肯定没有。因此，在没有诉权的案件中，成文法的制定者首先提到的是那些当事人已进行免除和清偿的案件……现在请考虑一下诉讼时效的问题。雅典人啊，你们务必关注所有法律，尤其是这一条。在我看来，梭伦制定它没有其他目的，只是为了防止你们被虚假的主张所滋扰。他认为对于受害者来说5年的时间足以使其追回他们应得的东西；他认为时长将是反驳那些提出虚假索赔的人的最明显的证据。而且，他也知道缔约双方及其证人不可能永远活着，于是他用法律代替他们，法律是有利于穷人的真理的见证人。

如果有任何陪审员根据一般原则对特别抗辩表示怀疑，且他们拒绝相信一个如此合理的论证，那么他们必定是不讲道理的。这简要地概括了诉讼时效的原理。总的来看，雅典人必定已经被说服了，相信在某些特定的条件下，特别抗辩是完全合法和恰当的，否则他们不会允许一个被送上法庭的人首先发言，并表示无论他是否有责任该程序都与大赦的规定相悖，从而把一个原本只用于处理“三十僭主”被推翻之后违背大赦的程序扩大到其他案件。倘若被告未能获得至少五分之一的判决 192
票，则会被判处所请求数额六分之一的罚金，这就阻止了对特别抗辩的不分青红皂白地使用。如果原告未能获得五分之一的判决票，他也要承担同等数额罚金的责任。这一独特条款的目的是同时阻止提起那些因为技术原因而可能被驳回的诉讼和采取特别抗辩。但是,尽管陪审团可能持怀疑态度,且有被处罚金的危险,特别抗辩还是充满着诱惑,因为它可以彻底改变原被告的角色,促使法庭先听取被告的意见。在前文提到的阿波罗多鲁斯诉佛尔米奥案中,原告声称陪审团在听取了已经提出特别抗辩的佛尔米奥的意见之后,拒绝再听取他的意见。我们不太可能确定这究竟在多大程度上真正阻止了特别抗辩的采用。德摩斯梯尼的一个当事人公然拒绝行使提起特别抗辩的权利。

> 以规定担保具有一年有效期的法律为例。我不会认为,根据这条成文法,如果我是保证人,我不应支付损害赔偿金。但是我要说,那条成文法是我从未成为保证人的证明,同理原告本人也是我的证人。否则,他本可以在法律规定的时间内(在本人违约后的一年时间内)以担保为由起诉我。

还有一位起诉人将自己的败诉归咎于陪审团对技术性细则的厌恶。“我没有为了拖延而提出特别抗辩,也没有作出一份宣誓口供,这样的程序在之前的一个诉讼中曾经让我受到损
193 失。”但是,即使当诉讼当事人提出异议或特别抗辩,他也没有将自己局限于技术性的辩论,而是继续提出自己的证据,并根据案情的是非曲直进行辩论。通过这种方式,他既获取了特别抗辩的主要优势,即首先发言的权利,同时又避免了自己的案件看起来完全依赖技术性细则的劣势。

在雅典的制度中,对于某件特定的不平之事往往可以选择多种救济措施。德摩斯梯尼说:

为了打击作恶者，梭伦规定的程序不止一种而是多种……以盗窃为例。你体格强壮并对自己有信心吗？那就把小偷送进监狱，但你要着冒着被罚 1000 德拉克马的风险。[8] 你并不是很强壮吗？那就跟地方行政官一起去，他们会处理的。你也害怕这件事吗？那就起诉他。你不是很相信自己，而且你太穷无法支付 1000 德拉克马吗？那就在仲裁员面前起诉他盗窃，这样你就不会承担任何风险。这些过程各不相同。同样，对于不虔敬的人，你可以将他送进监狱、起诉他、在尤摩尔庇德斯（Eumolpids）面前起诉他，或者在国王面前告发他。在所有其他案件中，情况也大致相同。

诉讼当事人在决定何种诉讼最适合纠正他所遭受的不公时，必须仔细斟酌，因为对手很快就能从他的任何错招或昏招中渔利。当德摩斯梯尼为他的部落承担训练酒神节狂热比赛合唱团的费用时，他遭到了自己的宿敌梅迪亚斯的野蛮袭击。因为这是一起在一个伟大的宗教节日期间对一名官员实施的犯罪，德摩斯梯尼通过“告发”的方式将此事提交给了公民大会。在本身没有任何法律后果的赞成票的鼓励之下，他以严重 194
袭击罪（aggravated assault）提起了刑事诉讼。当他听说梅迪亚斯打算以他应通过民事诉讼寻求赔偿来进行反驳之后，他在演说过程中评论说：

倘若我没有选择在公民大会上进行控告，而是以民事

〔8〕 假设没有获取至少五分之一的判决票。

> 诉讼起诉他,相反的异议就会启动,假设这些指控属实,我就应在公民大会上控告他……那些作恶的被告,为了否决对他们不利的程序,通常的做法是建议本应采用某些其他的不可行的程序。

公元前 4 世纪后半叶,希佩里德斯的一位当事人反对被弹劾(impeached),而不反对在普通法庭上被起诉。

> 迄今为止,弹劾被用于提摩马库斯、莱奥斯泰奈斯(Leosthenes)、卡利斯特拉图斯、费隆(Philon)和输掉了塞斯托斯的泰奥提慕斯(Theotimus)等人。他们有些被控背叛了自己指挥的船只,有些被控背叛了城邦,还有一个被控作为一位演说家却给人出了糟糕的建议……当前局面是荒谬的:迪奥尼德斯(Diognides)和安提多鲁斯(Antidorus)因为以一个高于法律许可的价格雇用吹笛手而遭到弹劾,比雷埃夫斯的阿加西克斯(Agasicles of Piraeus)因为被登记为哈利默斯(Halimus)而遭到弹劾,还有尤克塞尼普斯(Euxenippus)因为他说自己做了一个梦而遭到弹劾。

显然,弹劾的滥用是由于起诉人和原告对一个程序的偏爱,采用这个程序既没有通过诉诸特别抗辩以避免直接诉讼的机会,也不会因为未能获得至少五分之一判决票而受到任何惩罚。因为倘若案件真的被提交给普通法院,那也是根据公民大会的要求。
195 会的要求。原告就被免除了责任。

不能因同一罪行而审判一个人两次。但是,尤克西修斯

(Euxitheus)的起诉人,也是安提丰的一个当事人,指控尤克西修斯谋杀了希罗多德,设法使其遭受两次生死攸关的危险。当指控本该是谋杀时,尤克西修斯强烈地抗议把自己当作“作恶者”(malefactor)来审判。有人或许认为这是一个奇怪的抗议。但是据称,起诉人谋求的是一种提起较低指控的优势。他们和他们的证人逃避了一切杀人案件对所有起诉人和证人要求的庄严宣誓。“作恶者”的刑罚可由陪审团估定,这样起诉人就可以请求极刑。此外,被控杀人罪的人在候审期间不会被监禁,而被指控为“作恶者”的被告却会被关押起来,这会严重阻碍他的辩护。假如被无罪释放,他仍将面临杀人罪的审判。在本案中,起诉人声称他之所以采取这样的方法似乎是因为担心倘若根据法律提起杀人罪指控允许尤克西修斯获得自由,他就会选择自愿流亡,并因此逃避惩罚。无论驱使他的动机究竟是什么,显然他在实现自己的目标方面表现出了相当出色的技巧。

根据现代观念,当时排除非法证据的手段是完全不够的。地方行政官并不愿行使他们可能拥有的些许权力,以排除一些证据,如传闻证据或一个不适格的证人的证词。考虑到年底审计时可能遭受的攻讦,他们宁愿选择站在安全的一边,让不满 196
的诉讼当事人在法庭上寻求救济。对任何形式的虚假或非法证据的救济措施都是针对证人提起伪证罪诉讼。显然,为了防止无理纠缠和完全不必要的控告,诉讼当事人必须在裁决宣布之前就在法庭上表明自己提起伪证罪诉讼的意图。这一要求背后的理念是,当事人不愿意采取任何可能被解释为承认他原本期待的就是不利裁决的行动。胜诉的起诉者自然不愿意启动伪证罪的程序。正式公开宣布控告意图并不包含任何义务。

伪证罪控告可以在任何节点上终止。[9] 有许多迹象表明,证人经常受到会被起诉的威胁,以便迫使胜诉的对手让步,从而争取支付判定的损害赔偿金的宽限期,或减少赔偿金额。被判伪证罪的人须缴纳罚金,三次被判则导致公民权的丧失。但是,在控告证人时,当事人的利益足以使得他认为撤销程序是可取的。对伪证罪的成功起诉或许会导致新的审判。文献中比较频繁地提到撤销对证人的伪证罪诉讼程序,这似乎表明启动它们往往是纯粹基于战略目的,以期获得对手的让步。

德摩斯梯尼及其宿敌梅迪亚斯的经历表明,各种逃避和拖延的计划经常取得成功。

197 我以侮辱性语言为由起诉梅迪亚斯之后,因为他没有出庭,我获得了缺席判决。这个判决没有得到兑现,我有权执行;然而,我并没有依法扣押他的财产,而是再次提起了放逐之诉,但时至今日,我都没能审理它;因为他找到了难住我的借口和诡计。

自放逐之诉启动以后,已经过去了十六年。在纳乌西马库斯和色诺贝泰斯诉阿里斯泰库慕斯案(*Nausimachus et Xenopeithes v. Aristaechumus*)中(这是一起监护人职责诉讼),从提起诉讼程序到案件的最终解决经过了八年时间。埃斯基涅斯诉泰西封案(其中德摩斯梯尼发表了他的闻名遐迩的《金冠辞》)延期了足足六年。政治局势的需要要对这一延期负责。德摩斯梯尼声称,在逃避和拖延方面,富有的坏人比他们贫穷

---

〔9〕 Calhoun, *Classical Philology*, XI, 381.

的对手有明显的优势。

> 哦,雅典人啊!我们大部分人与富人没有共同的或平等的权利,我们事实上从来都没有。他们想什么时候应诉就什么时候应诉,他们的罪行就呈现在你面前,陈腐而又冰冷;而如果我们中的一个人身上发生了什么事,他会在行为发生后立即受到审判。

被告试图在条件允许时提起或威胁要提起反诉来为难或清除对手,这屡见不鲜。它对讼棍和职业政客尤其有效,因为如果有人检查他们的记录,他们很可能会卷入可疑的交易之中。当时苏格拉底富有的朋友克力同就被讼棍起诉了,幸得一个精明的同伴帮助,这位同伴通过巧妙地运用反诉,很快就打 198
败了这些讼棍。在可能的情况下,挑选一种可以使对手丧失使用法庭资格的诉讼最为可取。因此,安提丰的一位当事人在起诉某些腐败的政客方面大费周章。为了摆脱他,他们抓住了一个事实,即他资助训练的男孩合唱团的一个成员因治疗喉咙疾病而死亡,于是他们以杀人罪告发了他。直接的结果是,他现在成了一个被污染过的人,在审判前的 3 个月内,他被取消了公开露面的资格,如果判决不利,他还有可能会被放逐一段时间。这对被告的目标来说完全足够了。

杀人罪的指控对于在一段时间内处理掉哪怕无辜的人是如此的有效,以至于我们可以看到至少有另外三起捏造的杀人案件和一起重罪伤害案件的记录。德摩斯梯尼在其著名的指控梅迪亚斯严重袭击的案件中,因梅迪亚斯挑起或唆使的诉讼而陷入困境:他说与实现自己所受冤屈的正义相比,他更有可能因这几个他没有犯下的罪而受到惩罚。他补充说，当穷人在法庭上寻求补偿时，这就是富人恶棍的一贯做法。引发对一个人的公愤，并使其成为一个不那么强劲的对手，军事罪行是再好不过的指控了。就活跃的政客而言，对非法立法的起诉是现成的反诉对象。提出毫无根据的刑事指控是有危险的，因为法
199 律禁止撤销诉讼，而且如果不能获得至少五分之一的判决票，则会导致罚金和褫夺部分公民权的后果，这使其今后不可能再提起类似的诉讼。然而，往往可以通过妥协来规避禁止撤诉的法律，因为既然同意妥协那么被告自然不会起诉。但是，有钱人常常通过雇佣另一个人帮他提起诉讼来避免这种风险。只要有足够的回报，讼棍甘冒这些风险。民事诉讼和杀人案件则不存在这种危险，因为它们可以在任何阶段被撤销或达成妥协。

第十章 辩护人和演说撰稿人

在普通刑事诉讼和其他正式的公共诉讼中,城邦依赖自愿起诉人,但在涉及重大城邦利益时,辩护人就会被选出来代表城邦参与诉讼。在邦际仲裁中,每个城邦都各自挑选足以胜任的人员作为自己的律师,这是惯例。梭伦就代表雅典参与过与墨伽拉(Megara)就萨拉米斯岛的所有权进行的仲裁。希佩里德斯与这位德摩斯梯尼是同一时代人,他作为雅典的辩护人参与了近邻同盟委员会(Amphictyonic Council)[1]关于阿波罗神殿在提洛岛的控制权的程序。他还代表官方为卡利普斯进行了辩护,那是一位被指控在奥运会上犯规的雅典运动员。被选定的辩护人被指派去看护城邦在邦内和邦外的诉讼利益。有十名辩护人(*synegoroi*)被挑选出来(显然是通 200

〔1〕 参见边码17注释9。

过抽签的方式），以协助审计员（*logistai*）处理即将离任的地方行政官的账目问题。他们不仅代表城邦参加因发现任何违规行为而导致的控告，而且还在审计员组织的初步调查负责对提出的指控进行裁决。或许正是由于这些司法职责，他们才被以抽签的方式挑选出来，这是一种一点儿也不适合挑选辩护人的方法。

201 在公民大会授权进行定期法律修订时，从那些可为陪审团服务的备用人员当中挑选出至少 500 人构成修订法庭。公民大会挑选五名辩护人出席，为被提议修改或废除的法律进行辩护。当阿提卡镇区（*deme*）投票否决一名公民身份候选人，从而导致当事人向陪审法庭提出申诉时，镇区会选出五名辩护人反对申诉。

在涉及重要公共利益的刑事案件诉讼中，任命辩护人协助是一种常见的做法。因此，当演说家安提丰在元老院面前被将军们作为一名叛徒弹劾时，案件被提交陪审团审理，将军们得到通知至少要挑选十名元老院成员来协助他们进行起诉。根据战神山议事会的报告，当德摩斯梯尼和其他人因接受哈帕卢斯（潜逃的亚历山大财务主管）的贿赂而被审判时，有十位演说家被选出来参与德摩斯梯尼的起诉。其中有两名起诉人希佩里德斯和狄纳尔库斯的演说稿尚存。公共辩护人可以得到一小笔服务费。在普通控告中，一个人提出起诉并负责案件进展，但他经常会得到自愿辩护人的帮助。因此，苏格拉底的主要控告人是莫勒图斯，他得到了另外两个人阿努图斯和卢孔的协助。

在私人（民事）诉讼中，法律要求当事人在法庭上自行处理案件，但法律并没有得到严格执行。坚持每个人都应在没有

帮助的情况下处理自己的案件,这将是强人所难。陪审团经常
允许当事人的亲属、友人或伙伴在诉讼程序结束的时候代表他 202
的利益进行抗辩,或者甚至代替他处理整个案件。看起来取得这样的许可并没有遇到什么严重的困难。在阿里斯托芬的《云》中,斯瑞西阿得斯预料到,他的儿子在苏格拉底的滑稽的法律学院学会了"规避诉讼和提出有说服力的反驳"之后,代替他出庭应付他的数不胜数的债权人不会有什么困难。当马拉松的获奖者米蒂亚德斯(Miltiades)在公民大会上遭到弹劾,而他由于严重受伤无法自行辩护时,就是由他的朋友们代劳的。伯里克利也为他的朋友哲学家阿那克萨哥拉遭到的一起不虔敬的指控进行过辩护。而且,阿法柔斯(Aphareus)代替他的继父伊索克拉底发言过,因为他生病无法参加针对他提起的强迫他履行三层桨战船司令官职务的财产交换程序。然而,这次演说的讲稿是由伊索克拉底撰写的。有时,诉讼当事人自己会进行一些敷衍的开场白,然后请求由一个友人来代表自己。钱庄掌柜佛尔米奥有一次在与其继子阿波罗多鲁斯的诉讼过程中就首先选择提出了这样的请求。而且,阿波罗多鲁斯本人是斯蒂芬努斯和尼亚拉的真正起诉人,不过他的姐夫特奥姆内斯图斯提起了指控,并作了几句开场白。

现存的要求中陪审团准许传唤一个辩护人的请求通常是形式的和敷衍的。"我已经说完了我能说的。如果你们允许我,我就去找我的一些朋友。"通常都会假定陪审团默许这么
做。"我已经尽我所能地陈述了我的案件。如果在场的各位 203
有谁能代表我的利益说点什么,那就请让他站出来并向你们演说吧!"我们偶尔也会发现一些更加做作的请求,例如以下来自希佩里德斯的请求:

> 陪审团的先生们,你们已经听到了我要为自己所说的几乎全部内容。鉴于我的原告,他非但不是在演说方面毫无经验,反而经常参与诉讼,这次他传唤了一位辩护人帮助他不正义地摧毁一个公民,我恳请并乞求你们准许我也传唤一些人在如此重要的一场诉讼中协助我,倘若我的任何亲属或朋友能协助你们的一个公民同胞和一个不习惯公共演说的外行人,请你们本着一种友好的精神听取他们的意见。我参加的是一场比赛,其中我不仅冒着被处死的风险,因为这在有正确思考的人的眼中最不重要,而且还有可能会被放逐从而客死异乡。如果那样的话,请允许我,请人来帮助我。站出来吧,特奥菲鲁斯(Theophilus),代表我之利益说你能说的事情。陪审员会支持你的。

一开始,辩护人是从一个人的血亲或姻亲亲属或者他更为亲密的友人和邻居中挑选的,尤其是他的镇区同胞(fellow-demesmen),即他所居住的镇区的成员。有时,镇区的地方公民大会甚至挑选辩护人去协助他们镇区中的一员。安多基德斯(十大演说家之一)在反驳对其亵渎神秘仪式的指控为自己辩护时就得到了他的镇区的代表的协助。因此,阿提卡的市镇制度随着在相对较小的地方社区成员之间亲密关系的形成,对聘请辩护人的做法的传播起到了不小的作用。通过那些主要
204 致力于为其成员的政治和诉讼利益服务的俱乐部,这种做法得到了进一步的传播,尤其是在城市居民之间。[2] 埃拉托斯特尼(Eratosthenes)是"三十僭主"之一,当他因自己的审计而受

〔2〕 Calhoun, *Athenian Clubs*, p. 95.

到吕西亚斯的攻击时,无疑得到了寡头俱乐部成员的协助。当梅迪亚斯因严重袭击罪而遭到德摩斯梯尼起诉时,俱乐部的成员当场施以援手,就像当案件在公民大会上被以“告发”的方式提起时他们已经做的那样。埃斯基涅斯在警告陪审团不要准许德摩斯梯尼说服他们宣告提马尔霍斯(Timarchus)无罪时问道:“德摩斯梯尼乞求过自己的伙伴吗?”俱乐部成员也可以利用自己的影响力,为自己的同伴争取俱乐部会员之外的辩护人。诉讼当事人不仅可以得到自己友人和同事的协助,有时也会得到其对手的私敌和政敌的协助。

到了公元前 4 世纪中叶,聘请辩护人的做法已经牢固地确立下来。诉讼当事人不用再假装辩护律师是自己的亲戚或朋友。希佩里德斯的一个当事人惊呼道,“当人们身处危险时,那些有能力演说的人应协助那些没有能力演说的人,还有比这更民主的吗?”在另一个案件中,希佩里德斯更是亲自担任辩护人,为这一习俗进行了极为强劲的辩护。“在民主制的所有卓越的品质中,没有哪个比允许任何有意愿的人去协助一个毫无经验却身处诉讼危险之中同时又无法充分为自己辩护的人这一习俗更符合民主精神的了。”对民主精神的呼吁,试图把 205
这种做法提升到一个高度,几乎与控告罪犯的义务和特权可以相提并论。此处所用的这些词,“任何有意愿的人”将不可避免地让人想起梭伦的法律,它准许“任何有意愿的人”控告作恶者。通过这种解释,辩护就变成了希腊理想民主制所特有的互助精神的一个值得颂扬的表现。

控告人很快就意识到辩护人对受审的被告多么有帮助。他们偶尔会要求陪审团拒绝听取辩护人的意见,或试图通过人身攻击先发制人以抵消辩护人抗辩的作用,但是他们从来没有质疑过辩护人出庭的权利。对辩护人最为辛辣的攻击可见之于吕库古,那位在严厉性上堪比德拉古的无情的控告人。

> 我想知道那些打算代表莱奥克拉底的利益发言的人会拿什么理由要求宣告他无罪。是因为他对他们的友谊吗?但在我看来,他们非但不应得到恩惠,反倒应该因为自己与他的亲密关系而被处死。在莱奥克拉底做这件事之前,我们甚至不知道他们是什么样的人,但现在大家都知道了,他们珍惜他的友谊,是因为他们是一路货色。所以他们与其说是让你们宣告他无罪,不如说是应为自己进行辩护。

辩护人的演说内容包罗万象,从对当事人本人提出的事实,以及可适用于案件的法律的细致讨论,到纯粹的修辞性和情感性的呼吁。如果辩护人私下了解案情,那么他与一个提供口头证词的证人非常相似。这些详细的事实陈述会受到经验
206 丰富的演说者的个性和修辞技巧的加成,这比公元前4世纪简陋而又形式化的宣誓书的做法有效得多。所有辩护人都为当事人本人的良好品格“背书”。有时,辩护人的演说中包含辩护人自己服务城邦的系列事迹,连带着请求陪审团在确认这些贡献的情况下应回报以有利的裁决。在那些当事人本人根本没有出庭,或者只说了一些敷衍的套话就请朋友代劳的案件中,辩护人实际上与代表妇女或儿童的近亲属的地位一般无二。他对案件负全责,像当事人本人一样出示证据和发表演说。在现存的辩护人发表的演说中,有一篇是伊塞优斯撰写的,[3]它

---

〔3〕 有一种说法是伊塞优斯自己作为辩护人发表了这篇演说。

最接近现代律师的演说。当事人本人负责整理事实和出示证据。他已故父亲的一个朋友紧随其后，对整个案件进行概括，娴熟地提出强点并掩盖弱点。

法律禁止辩护人在为向个人提供服务时收取报酬。但是，
这条法律被广泛忽视了。"我很惊讶"，吕库古说，"你们居然
没有看到，你们的极端愤怒是那些人应受的，尽管他们与被控
告的人没有任何亲情或友情的关系，却不断地通过为他们辩护
敛财。"德摩斯梯尼也抱怨说，富人比他的穷对手在获得辩护
人服务方面更有优势。柏拉图在《法律篇》中说："我们被告 207
知，通过巧妙的抗辩和辩护人的帮助，法律使一个人能够赢得
某个特定的案件，无论是公正的还是不公正的；演说的技艺和
力量，由此是可以传授的，它们都服务于愿意为其付费的人。"
在有公共辩护人的案件中，职业化的趋势受到法律的一定程度
的抑制，法律禁止一个人多次受雇担任公共辩护人。这项禁令
的主要目的是确保这种公共服务的公平分配。但是，这条法律
也形同虚设。为了完成在任何场合下都能充分保护城邦利益
的重任，既要找出足够数量的有才干的人，而又不同时反复调
用同一批人，这是不可能的。但是，即使这些法律可以被不受
惩罚地无视，在雅典的制度中仍然存在一些固有的困难，限制
辩护人发挥作用。当事人不能成为证人，他的妻子、幼儿和女
性亲属的证词也不能在法庭上使用。因此，在法庭上获取那些
只为诉讼当事人及其家庭成员所知的事实的唯一手段，是通过
一个最先了解当时情形的人的转述。亲戚或友人可能会说，由
于其与诉讼当事人及其家庭的亲密联系，他们熟悉案件的许多
内情；但是，一个专业的抗辩人不能对一系列的当事人都作出 208
这样的声称。在这些条件下，我们很容易看到，只有在相当罕

见的案件中，找一个替代者（即使他是一位优秀的演说者）的优势，才能胜过当事人本人的沉默所导致的劣势。

公众并不反对辩护人向亲戚、朋友、伙伴和镇区同胞免费提供服务。只有在提供这些服务时收费并变成职业性服务的时候，公众舆论才会变得充满敌意。人们反对的不是服务，而是它背后的动机。因此，法律才规定禁止为应当本着互助的精神提供的服务付费。当然，这条法律经常被规避，这肯定是一个公开的秘密。其结果是，辩护人，尤其是在他们与当事人没有瓜葛的情况下，或多或少都处于守势。事实表明，修辞学手册总是会列出辩护人可以为自己出庭应诉所能给出的理由，例如与一方当事人的友谊，或者对另一方当事人的敌意，对案件细节的熟悉，公共利益，或者渴望帮助一个被冤枉的无依无靠的人。禁止在私人案件中付费和频繁被雇佣为公共辩护人的规则，有效地阻止了他们被视为专家。他们永远都不能像现代的一般律师或英国大律师那样（如果他们业务杰出甚至会被法官抱有敬意地听取意见）充满权威地对陪审员发言。毋庸置疑，有些辩护人获得了相当大的影响力，这是他们在法庭上不遗余力地列举自己的公共服务的结果。但是，他们并不可能
209 太频繁地出庭，而且他们的声望也绝非因为他们的法律知识。假如辩护人能够像演说撰稿人给诉讼当事人撰写演说稿那样自由地为其发表演说，雅典很快就会发展出一个可与罗马法学家（*juris consulti*）或现代律师相媲美的法律专家群体。

除非诉讼当事人能够出庭，并以一种相当有效的方式讲述自己的故事，否则辩护人的服务就只具有相对较低的价值。为了应对这种局面，一个新的职业应运而生，即演说撰稿人。顾名思义，演说撰稿人或编史家（logographer），为自己的当事人

撰写一篇由其在法庭上背诵的讲稿。演说撰稿人精于辞令。
实际上,他往往是教授这一技艺的教师。经年累月的打磨无疑
使他非常熟悉法律和惯例,但是受限于他运用自己技艺的条
件,他无法充分使用自己的法律知识。他被迫压抑自己的个
性,撰写出看似当事人口吻的演说稿。这个制度所涉及的精心
设计的借口往往会掩盖他的工作方法和他与当事人之间的关
系。他的第一要务是熟悉案件事实,以便以一种清晰和令人信
服的方式向陪审团讲述,但这还不是全部。他必须尽可能地预
测对手的论点,并加以处理。有能力处理自己案件的诉讼当事
人可以像阿里斯托芬《马蜂》里的安提克勒翁那样,在听菲罗
克勒翁为陪审团服务的辩护时做笔记,并根据情况需要修改自
己的演说。但是,一个购买演说词的人是不敢冒险以变动或增
补的方式来打乱它的。公元前 4 世纪,一个演说撰稿人或许可 210
以从精读预审上所提交的证据那里了解到一些东西。但是,全
部的证词和书面证据只在需要仲裁的诉讼中才提交;在其他案
件中,仅仅需要提交足以构成初步案件的证据。与此类似的现
代做法是提交证词给大陪审团,以获得一份正式起诉状就够
了。人们可以从集市和城邦的休闲场所的流言蜚语中获悉很
多关于对手计划的信息。正如像“我听说他会说”这样的短语
反复出现所表明的,诉讼当事人通过寻求友人、亲属和俱乐部
成员的帮助,可以对从预审中收集到的关于其对手计划的信息
进行实质性的补充。臭名昭著的阿波罗多鲁斯有一次抱怨说,
他以前的朋友尼科斯特拉图斯泄露了他打算在某起未决诉讼
中使用的论点,从而给他造成了巨大的损害。一个经验丰富的
演说撰稿人可以通过暗示某人可能会提出某个特定的观点来
预测论点和反对意见。这样,即使反对意见永远没有真的被提

出来过,案件也会得到加强。很明显,为起诉人或原告准备一份演说稿比为被告准备一份演说稿的困难要少得多,因为后者必须面对的不是可以说什么,而是别人刚才说了什么。它立即就会被检验。

但是,演说撰稿人仅仅熟悉案件的所有细节,并设法预测和回答自己的对手,这仍然是不够的;他还必须撰写出一篇契合其当事人的年龄、教育、事业、生活方式和其他特征的演说
211 稿。它必须用合适的语言包装起来。这并不是说撰写者在任何时候都要做到语言实在论的要求。任何试图重现一个习惯性说错话的人的语言的尝试都不会被雅典观众所容忍。但是,通过对吕西亚斯演说词的仔细观察,[4]我们会发现一些不同寻常的短语和表达,它们稍微"脱离日常用语"。这些在吕西亚斯那里发现的对法庭演说正常语言的脱离情况,发生在为受过教育的上层阶级人士所撰写的演说稿中。下层阶级的成员偶尔也被允许使用数量有限的流行演说词中所特有的单词和短语。然而,吕西亚斯是该技艺登峰造极的典范。普通的法庭演说词的撰写者只满足于撰写简单粗陋的希腊语,尽可能接近主流的法庭演说类型。

修辞学理论非常重视法庭演说的人物刻画。演说和思想都应该以其简单和坦率的特点促使演说者值得信任,这一点被认为是十分重要的。这一特点被称为人物塑造。在一个娴熟的演说撰稿人手中,它成为一种最有效的说服工具,因为雅典陪审团在很大程度上受到其对诉讼当事人道德价值的意见的

---

〔4〕 Devries, *Ethopoiia, a Rhetorical Study of the Types of Character in the Orations of Lysias*.

影响。人物塑造也起到了隐藏撰写人之手的作用,它把特定种类的生活方式、措辞和处理方法引入他所撰写的演说稿中。我 212
们无法确定像吕西亚斯这样的大师是否成功地欺骗了陪审团,使他们相信他的当事人是在发表自己的演说。据说吕西亚斯取得了足够大的成功,他使人们认为付出这种努力似乎是值得的。在古代,许多演说词都被归到那些著名的演说家名下,这在后来的评论家看来是不真实的。但是,鉴别真伪仍是一项艰巨的任务。陪审员不太可能仅凭一次听审就比数代评论家的反复阅读辩论得更清楚。

维持"诉讼当事人正在发表他自己的作品"的假象还有另一个技巧,那就是给人以即兴演说的印象。安提丰的一名当事人说:"我已经回答完了我所记得的所有指控。"另一名诉讼当事人背诵完德摩斯梯尼撰写的一篇演说稿后,提议从三个角度来处理案件,并请法官们指出他们希望先讨论哪个。他似乎冒着可能遭遇重大尴尬的高度风险;但是,其实他没有任何风险。法官们能够表明他们的偏好的唯一方式是口头表决,而且只有三种可能,演说人很容易听到对他早已选择好的那个处理方式的要求。同样,伊塞优斯的一位当事人注意到如果详细讨论案件的某一方面将会枯燥乏味,于是说道:"不过,假如你们愿意,我可以讲几句。但是,假如你们听这些事情与我讲述它们一样不愉快,那么我就只出示之前审判所提供的证据。"在这 213
里,演说者也没有遇到被陪审团强迫他改变自己计划的真正危险。还有一次,伊塞优斯用了一个相当简单的技巧就给人留下了一种他的演说真的建立在他之前的对手演说的基础之上的印象。"我对手演说的主要部分是关于我姐姐对我被她的丈夫收养的影响问题,所以我必须谈谈案件的这个方面。"但是,预料到重点将不可避免地被置于一个对于他的对手的论点至关重要的要点之上,这本就不需要多么的深谋远虑。

演说撰稿人不仅是一位修辞学家,他必然对法律和程序都相当熟悉。有很多迹象表明,诉讼当事人从他们决定诉诸诉讼的那一刻起就依赖于撰稿人的指导。修昔底德在谈到安提丰时说:“无论他们的事务是在法庭上还是在公民议会上,没有哪个人能为咨询他的人做得更多。”针对客户的法定权利和恰当的救济手段的建议当然就隐含在这些话语之中。在阿里斯托芬的《云》中,合唱团描绘了老人斯瑞西阿得斯在苏格拉底的学院完成自己的法律教育后的赚钱而又诱人的业务。“许多当事人会徘徊在你的门口,希望与你会面,向你咨询,准备就涉及许多塔伦特的诉讼和反诉听取建议。”当然,演说撰稿人这一阶段的活动不会在他撰写的演说词中显露出来,但对手们
214 却不会那么含蓄。当阿波罗多鲁斯以伪证罪起诉佛尔米奥的一个证人时说,有一些人为他提供服务,他们为钱庄掌柜提供咨询并撰写演说稿,德摩斯梯尼就是其中之一。另一位诉讼当事人谈到了一份协议,这是他与“负责对手案件的演说撰稿人忒奥刻里奈斯(Theocrines)”达成的,根据这份协议,部分估定的损害赔偿金将会被免除。简单淳朴的公民总是被描述为从刻有文字的石板或着了色的石碑上了解相关法律,并就他案件的细节咨询他的朋友。

钱庄掌柜和放债人经常利用代理人的服务,特别是为了保护他们在外邦的利益。这些服务与现代律师在类似条件下所提供的服务基本相同。钱庄掌柜佛尔米奥派他的代表斯蒂芬努斯到卡尔克顿去,以争取与他利益相关的一艘船被放行。在随后的诉讼中,斯蒂芬努斯在法庭上处理了此案。斯蒂芬努斯

被指控为他的客户提供了不太可靠的服务,就像皮托多鲁斯[5]为钱庄掌柜帕西翁提供的服务一样。同样,两名放债人派一个叫阿里斯托丰(Aristophon)的人到塞弗利尼亚(Cephallenia)去保护他们对一艘船的利益,这艘船的主人曾向他们借过钱。

政客们在诉讼中经常使用代理人。阿里斯托盖同是雅典的马其顿党的一个臭名昭著的代理人,他起诉过德摩斯梯尼七次,并在他接受审计时攻击过他两次。而德摩斯梯尼本人也通过代理人对他的政敌进行了几次最有力的攻击。当德摩斯梯 215
尼对梅迪亚斯提出严重袭击罪的指控时,一个叫尤克特蒙(Euctemon)的无所不用其极的无赖,受雇以军事罪行,即擅离职守,指控德摩斯梯尼。最终这个案子没有得到推进,尤克特蒙则被处以罚金和褫夺部分公民权的惩罚。但是,梅迪亚斯散布消息说德摩斯梯尼是一个擅离职守者,他的目的已经达到了,并且他完全可以支付尤克特蒙相应的对价。斯蒂芬努斯完全没有道德节操,他被利害关系人雇用以确保爱打官司的阿波罗多鲁斯被放逐,因为阿波罗多鲁斯的活动为他招致了不少敌意。斯蒂芬努斯提出了杀人罪指控,买通了证人作伪证,他自己则发誓说阿波罗多鲁斯杀死了一名女奴隶。但是,这个阴谋在法庭上被揭穿了,被告也被释放了。

当时雅典的商人就和今天的公司一样,时常发现雇用同一批人作为代理人对他们有利。现代有聘请一个专家参与诉讼的做法,与之最接近的是克力同这位苏格拉底的富豪朋友对阿凯德穆斯(Archedemus)的雇用,色诺芬在其《回忆苏格拉底》

---

〔5〕 关于他的活动参见边码 233。

中详细叙述过这一点。克力同抱怨说,在雅典,一个想要少管闲事的人很难逃脱讼棍所造成的烦恼和损失。“比如现在”,克力同继续说,“一群人用诉讼威胁我,不是因为他们有任何轻罪要指控我,仅仅是因为他们相信我很快就会支付一笔钱,而不愿再被打扰。”对此,苏格拉底回答说:

216 那么,请告诉我,克力同,你养狗,难道不是为了让自己的畜群避开狼吗?

当然,这么做是有好处的。

那么同理,你为何不养一个有能力并且愿意阻挡这群企图损害你的人的守护者呢?

如果我不怕他转过身来,撕碎自己主人,我一点都不会介意(他回答说)。

怎么这么说呢?(苏格拉底反驳说)难道你没有看到,出于自身利益的考虑,使一个像你这样的人高兴,比和你争吵要愉快得多吗?你可以肯定,这里有很多人会因与你成为朋友而感到自豪无比。

“因此,他们找到了阿凯德穆斯,一个口齿伶俐、头脑灵活但贫穷可怜的实干家;事实上,他不是那种会被千方百计地拉拢的人,而是一个热爱诚实的正直的人,而且他自己的本性过于善良,不可能像一个讼棍那样谋生。于是,克力同就抓住丰收时节的机会,把油、酒、羊毛、玉米或任何其他构成生活必需品的农产品当作小礼物送给阿凯德穆斯使用,或者邀请他参加祭祀盛宴,同时还以其他方式给予他特别关照。阿凯德穆斯感到在克力同的家里就像自己有了一个避难港,自己却不能为资助人做太多。不久之后，他就收集了一长串的罪状，可供控告克力同的那些做讼棍的控告人，而且不仅有他们数不清的罪证还有他们数不清的敌人；他即刻以公诉形式控告了其中的一个人，这个人将不得不接受一个代表着痛苦和刑罚的判决。被告意识到自己有许多无赖的行径，竭尽所能想摆脱阿凯德穆斯，但是阿凯德穆斯是无法被摆脱的。他一直坚持到告密者不仅失去了对克力同的控制，而且自己也付出了一笔钱；现在阿凯 217
德穆斯已经取得这场胜利，同时还有其他类似的胜利，那么很容易猜到接下来会发生什么。就像当一个牧羊人得到一只好狗时，所有其他的牧羊人都想把自己的羊群赶到他的羊群附近，这样他们也可以从他那里受益。因此，克力同的许多朋友都来恳求他允许阿凯德穆斯也做他们的守护者，而阿凯德穆斯则非常高兴，愿意做任何取悦克力同的事情。这样一来，不仅克力同能够安居乐业，他的朋友们也是如此。”整个诉讼程序的最终结果是，阿凯德穆斯现在成了克力同的得力助手。在某些方面，克力同和阿凯德穆斯之间的关系类似于罗马的贵族恩主和贵族保护下的平民（client），而不是律师和当事人（client）的关系，不过所提供的服务实际上是相同的。

克力同并非苏格拉底唯一建议在诉讼中寻求专家帮助的朋友。在对他的审判中，其中有一项罪名即是，他劝告自己的朋友和同伴在参加一起诉讼案件的时候不要寻求朋友和亲属的建议，而是咨询诉讼专家的意见。控告人声称这个建议容易降低其父亲和其他亲属在与苏格拉底有联系的那些年轻人评价中的地位。外行应受专家指导，这是苏格拉底特别喜爱的学说，他将其运用到诉讼领域的这一事实，确凿地表明当时法律专家就像苏格拉底所对比的医生一样，是可以利用的。 218

政治家习惯于雇用专家来起草他们提出或赞助的法律。

吕库古曾为此雇用过欧几里得（Euclides），他是一个奥林提人（Olynthian）。由于存在被指控非法立法的危险，因此最好确保所提议的法律起草得当，并且所有手续都已办妥。有时政治家会请一名代理人提出其不愿署名的立法。该代理人就要承担因非法立法而受到惩罚的风险。

所谓的解释者（expounders）或诠释者（exegetes），即是宗教和仪式事务方面的专家，这些事务包括污染和净化；但有时有些对自己与杀人案相关的权利和义务感到疑惑的人也会咨询他们。游叙弗伦（Euthyphro）在柏拉图的以其名字命名的对话中，讲述了他的父亲如何找到和捆绑了一个曾杀死过一名奴隶的雇工，并且派去咨询解释者，询问在这种情况下他应该做什么。德摩斯梯尼的一位当事人向法庭解释说，他们曾建议他不要起诉那些杀害他老奶妈的凶手，因为她既不是他的亲属，也不是他的奴隶。这是任何熟悉有关杀人罪的法律的人都能给出的合理建议。

使用由专家准备好的演说稿的做法很可能起源于学校。一个人可能怀揣着一起特别的案件去修辞学老师那里求教。例如，据说德摩斯梯尼在准备起诉他的监护人时，就是在诉讼专家伊塞优斯的协助下准备案件的。从给予这样的帮助到撰
219 写一篇演说稿只需简单的一步。撰写演说稿是诉讼过程中所提供的唯一变得专业化的服务。法律并不禁止演说撰稿人为自己所提供服务的索取报酬。其实，这样的禁令本来就是极为徒劳的。然而，在某些领域，似乎还是存在对这种做法的偏见。无论如何，阿那克西美尼（Anaximines），[6]一篇修辞学手册的

〔6〕 *Rhetorica ad Alexandrum*。作者身份未详。有一个英文版本被纳入亚里士多德的牛津译本中，这是对将该专题论文纳入在亚里士多德的著作中的做法的尊重。

作者,提出建议说,倘若有人因使用书面演说而受到批评,他应该这样回答:

> 法律根本没有禁止我使用书面演说,就像它支持你使用非书面演说一样。法律倒是不准许一个人像你那样行事,但它准许他随心所欲的话。先生们,我的对手认为他的罪行是如此巨大,只有一篇详尽的书面论述才能提出一份充分的控诉。

无论演说撰稿人是为他的当事人处理整个案件,还是仅为其撰写用于法庭背诵的演说稿,他都必须很快成为法律专家,这是我们在伊塞优斯的案件中可以看到的。但是,他的活动范围相对狭窄,他必须隐藏自己的身份、个性,并在很大程度上掩盖自己的法律知识。因此,他的技能和学识在一定程度上被浪费了。

演说撰稿人的职业并非无可指责,这一点在阿那克西美尼的建议中得到了验证:当一个人因为向他人教授诉讼或为他人撰写法庭演说而受到批评时,他应当回答说,每个人都会尽自己最大能力帮助朋友,而且给人建议与给人指导之间没有任何 220
区别。修昔底德在安提丰的案例中注意到了大众对职业修辞学家的偏见。

> 尽管安提丰没有在公民大会上发表演说,也不愿参加任何公开的争辩,还因为他的狡黠之名而遭到民众的猜忌,但只要有人卷入法庭或公民大会的争辩,向他征求建议,他都是最能帮助他们的人。

除了安多基德斯和吕库古之外，十大演说家都从事这一职业。诚然，伊索克拉底在自己职业生涯的早期就放弃了它，并且似乎认为为别人撰写法庭演说乃是年轻时的轻率之举，应该被否认和遗忘。他更喜欢被称为民族和希腊人主题的颂赞演说的撰稿人。我们可以在他的演说中不时地发现一些贬低性的评论，比如以下这些：

> 唯有雅典能养活这么多的演说撰稿人。他们在其他地方可能会饿死。
>
> 法庭演说很无聊。它们只有在发表当天还可以被忍受。
>
> 那些教授希腊演说、政治演说和颂扬演说等更高级演说术的人的学生，不会对他人的财产编造信息、提起诉讼和进行密谋。演说撰稿人的当事人是那些要么他们本人有麻烦，要么要为他人的麻烦负责的人。

诉讼当事人即使在自己使用购买来的演说时，也会毫不迟疑地利用人们对职业修辞学家的普遍不信任。德摩斯梯尼的一个当事人说：

221 被告拉克里图斯没有来到法庭，说是信赖自己案件的正义，但他十分清楚自己和他的兄弟在这笔贷款上做了什么，并且认为他善于演说，能够轻易地为一个坏的理由提供论证。他以为自己可以随心所欲地误导你们。这是他的职业，他招募学生，收钱，就是为了指导他们做这些事情。

德摩斯梯尼和埃斯基涅斯都把“演说撰稿人”作为一个贬

义词使用。希佩里德斯在一篇为当事人撰写的收费演说稿中，甚至将被告安西纳基尼(Athenogenes)描述为“一个小人，一个演说撰稿人”。这或许是一种幽默的嘲讽，旨在逗陪审员开心；又或许有着严肃的目的，以期用来维持那种原告正在发表他自己创作的演说的错觉。

针对个别演说撰稿人的具体指控很少见。埃斯基涅斯在一篇反对德摩斯梯尼的激烈的长篇演说中，称他为“好管闲事的人”和“职业的告密者”，接着提出了一个笼统的指控：德摩斯梯尼背叛了他的当事人。“在他声名狼藉地挥霍掉自己的祖传财产之后，他突然摇身一变从三层桨战船的司令官变成了一个受雇的演说撰稿人。但是，当他因为把自己当事人的论点泄露给他们的对手从而连这个职业的声誉也丧失殆尽之后，他纵身一跃地跳上了政治的舞台。”埃斯基涅斯还在其他地方提出了具体指控，即德摩斯梯尼与阿波罗多鲁斯暗通款曲，把一份他为阿波罗多鲁斯诉佛尔米奥案被告撰写的演说稿交给了对方。这已经够糟糕的了，但其他撰写人甚至指控德摩斯梯尼为诉讼双方都撰写演说稿。普鲁塔克在《德摩斯梯尼的生平》中说：

> 据说他曾为阿波罗多鲁斯撰写了反对佛尔米奥和斯 222
> 蒂芬努斯(阿波罗多鲁斯诉佛尔米奥案中佛尔米奥的一个证人，阿波罗多鲁斯控告他犯下了伪证罪)的演说稿，鉴于他在同一个案件中也为佛尔米奥撰写了演说稿，为此名誉扫地也理所应当……(考虑到德摩斯梯尼的父亲是一个铸剑师这一事实，普鲁塔克补充说)这就像把剑卖给战斗双方一样糟糕。

如果这个故事有任何真实之处，那么令人惊讶的是，埃斯基涅斯居然没有把它写进他对自己对手的责难之中。“你，德摩斯梯尼，为佛尔米奥写了一篇演说稿，并得到了报酬：这是一篇你交给了阿波罗多鲁斯的演说稿，而他正在对佛尔米奥提出可能判死刑的指控。”事实上，这根本不是一起刑事案件，而是一起主张20塔伦特的民事诉讼。如果佛尔米奥输了官司，并且无法支付损害赔偿金，他至多会被褫夺公民权。如果埃斯基涅斯能作出这样严重的错误陈述，他肯定不会忘记补充说，德摩斯梯尼会为阿波罗多鲁斯撰写反驳佛尔米奥的演说稿，只要他曾经听说过这件事。这篇反驳佛尔米奥的演说稿没有留存下来，但反驳他的因伪证罪而受审的证人斯蒂芬努斯的演说稿却可以在德摩斯梯尼的文集中找到。由于对伪证罪的成功控告涉及对原案的重审，正如普鲁塔克所指责的那样，写一篇反驳斯蒂芬努斯的演说，就像在阿波罗多鲁斯诉佛尔米奥案中写一篇反驳佛尔米奥的演说稿一样，乃是对他的当事人佛尔米奥的诚信的巨大背叛。但是，就反驳斯蒂芬努斯的演说稿而言，可以摒弃那些关于德摩斯梯尼撰写了这些演讲词的指责，因为现代评论家一致认为它们都不是德摩斯梯尼的作品。关于他
223 撰写了反驳佛尔米奥的那篇演说稿的说法，可能是由于一篇反驳商人佛尔米奥的演说词被归到德摩斯梯尼的名下，并与他真正的演说词一起保存了下来。关于与诉讼当事人讨论过他们案件的朋友和熟人向他们的对手泄露信息的指控也并非不存在。奇怪的是，就在阿波罗多鲁斯诉佛尔米奥这起案件中，阿波罗多鲁斯自己指责他的旧友尼科斯特拉图斯将自己的论点泄露给了佛尔米奥。不难看出，一个被轻率的朋友出卖的诉讼

当事人可能会多么不公正地指控负责他的案件的演说撰稿人。[7]

修辞学理论相当重视那些可以用来实现人物塑造的手段。现代律师凭借自己的声誉、品格和法庭才能,以在所有案件中赢得陪审团的青睐。雅典的演说撰稿人必须在将自己的才能隐藏在他的当事人的面具之下的同时每次都获得陪审团的支持。早期的演说撰稿人很少注意对人物的刻画。他们在投身于这门技艺的细节之前,还有其他问题需要解决。在这一领域最成功的演说家当属吕西亚斯。

> 在每天都发生的形形色色的案件中,吕西亚斯擅长用他灵活的风格反映出千姿百态的情感,并准确地再现日常生活中千态万状的戏剧性的相态。他时而谦逊,时而含蓄,时而讽刺,时而生动。他或哭泣,或愤怒;或哀求,或呼喊。他抓住了在各种条件下每段生活的精神,同时也具有一种克制和得体,这是艺术的杰作,也是他演说词的共同 224
> 来源的唯一标志。同样,在索福克勒斯的戏剧中,《俄狄浦斯》和《安提戈涅》在他们不同人物角色的雄辩中也流露出了同一位杰出诗人的才华。[8]

关于伊塞优斯(吕西亚斯的直接继承者)的人物塑造,现代评论家的意见并不一致。杰布认为,伊塞优斯只失于"对天真的青年或普通人的刻画",这是因为他的"艺术更锐利和清

---

〔7〕 Drerup,前引同一著作,对埃斯基涅斯的指控采取一种更为严肃的观点;cf. Egger,*Mémoires de Littérature Ancienne*,p. 368。

〔8〕 译自 Egger,op. cit. ,p. 372。

脆”。“他在朴实和优雅的纯朴的吸引力上是较差的。吕西亚斯会说‘这是可耻的’,伊塞优斯却会说‘这是荒谬的’。”但是,大多数阿提卡演说术的细心读者将会倾向于同意多布森的观点。“伊塞优斯的品格说服(*êthos*)不在于让他笔下的人物像他们本来自然地说话那样演说,而在于以那种最有可能迎合法官的情感和理性的方式为他们提出自己的论点。”人物塑造是一种天赋,而不是一种技艺。尽管在修辞手册中有对法庭演说的这种难以捉摸的特性的详细讨论和分析,但它仍然属于只有天资聪慧的极少数人才能必然获得的东西。而且除非能做得很好,否则演说撰稿人最好放弃试图以这种方式欺骗或改变陪审员,而应该把自己的精力主要放在通过辩论来说服他们上。对于伊塞优斯来说尤其如此,他的法庭实践主要集中在执政官的遗嘱检验法庭上。雅典调整遗产继承的法律错综复杂,必须由专家来处理,既不能作伪,也不能申辩。在血亲、姻亲或收养亲属为遗产展开的激烈争夺中,没有天真青年或普通人存在的
225 余地。因此,伊塞优斯非常恰当地利用了他丰富的法律知识,肆意挥洒着他的辩论技巧,为自己的当事人应付这些艰难的争论提供必要的条件。尽管任何阅读过德摩斯梯尼和希佩里德斯演说稿的读者都可以观察到演说撰稿人从来没有完全放弃过实现品格说服的追求,但有着人物刻画的戏剧作家天赋的吕西亚斯的成就却是他的后继者难以企及的。

还有另外一个方面,伊塞优斯背离了他的前辈们的做法,他认识到了现实情况,以及即使冒着无法启发法官的风险也要取悦和说服他们的必要性。早期的演说家极其自由地使用语言的象征,即为了一个观点的人为表达而采用单词的组合,例如对比。但是,思想的象征却很少发生,即一个本身人为的观

念的联想，例如修辞性问句。语言的象征只是修辞的饰品，而思想的象征则赋予演说以活力。演说人自问自答的设问，引用别人的话，以及对可能的反驳的回答，这些都是人们熟悉的例子。在这一点上，看到并非修辞学校的"产品"而拥有着公共演说天赋的安多基德斯十分自然和自由地使用着思想的象征，意义重大。他的演说之所以既有效又有魅力，在很大程度上可归功于他对思想的象征的运用，那些象征比一个普通说话者口中的语言的象征自然得多，不过一个试图进行强调的希腊演说 226
人很难避免进行对比。名叫哈利卡那索斯的狄奥尼索斯，他说伊塞优斯是首位受过使用象征训练的演说家。当然，他应该也意指伊塞优斯是首位自由地使用思想象征的演说家，其弟子德摩斯梯尼也遵循了这一方式，而在所有的雅典演说家中，德摩斯梯尼在对思想的象征的灵活和有效运用方面出类拔萃。

西西里的修辞学为技艺提供了一种技巧，即所谓的"概率论证"（εἰκότα），这在早期的演说家中非常流行，尤其是对于安提丰来说。亚里士多德举的经典例子如下：

> 如果一个人不易遭到暴力指控，例如因为他体弱多病，他就能以此为由逃脱。因为他不太可能有能力或愿意进行攻击。但是假设一个人在体型上容易遭到暴力指控，他就会以自己太强壮为由为自己辩护。他不太可能实施犯罪，因为他很容易被怀疑。

该论证的双重适用性引起了大众的怀疑。正如亚里士多德所指出的，谬误在于没有区分抽象和具体的概率，正如西西里诗人阿伽通（Agathon）的对句所例证的那样：

有人或许会说这是极为可能的:
许多不可能之事发生在人身上。

亚里士多德继续说:

因为与概率相反的事情确实发生了,所以即使是不可能之事也可能发生,但这不是绝对的或纯粹的不可能……
227 “不可能”一词的意思不是指绝对的不可能,而是指某种特定意义上的不可能,如“在一般情况下”,或者“像每天都发生的那样”。

有一些来自安提丰的例证表明它在实践中是多么的有用。在希罗多德谋杀案的审判中,据称有一名奴隶承认他曾帮助被告尤克西修斯处理过希罗多德的尸体,但没有以任何方式参与杀人。被告说:“概率是支持我的。因为我显然不会那么愚蠢透顶,为了避免有一个共犯所带来的危险从而自己一个人实施犯罪,然后当事情完成后再找一些不利于自己的共犯和证人。”论证有时采取提出一个问题或一个与事实相反的条件的形式。在回答关于他通过把尸体抛进大海处理掉它的说法时,他问道:

假如一个人被谋杀了,并且被人趁夜色抛尸大海,很可能会在船上发现一些蛛丝马迹,那么怎么没有发现这艘船呢?……假如我已经意识到自己有罪,我肯定会处理掉那两个人,而不会把他们留下当告密者。

至于吕西亚斯,我们发现较为明显的论证形式都被伪装或抛弃了。吕西亚斯在这方面的做法部分是由于他对品格说服的渴望。显然,那些更露骨、更明显的修辞手段完全不适合"天真青年或普通公民"。吕西亚斯也受到了大众对职业修辞学家"投机取巧"的普遍不信任的影响。毫无疑问,安提丰对概率论证的使用,是他落下投机取巧的名声的原因之一。这个 228
名声引起了非常多的普遍不信任,以至于他避免出现在公开集会或法庭上。柏拉图不止一次地表示不赞同概率论证。它是一种"非常神秘的技艺",人们在其中"支持对真理的告别"。我们应该注意到,就像在亚里士多德的例子中所出现的那种颠倒论证的形式,在真正的演说中根本就没有发生过。它仅限于安提丰的练习演说(四联辞)。修辞理论继续讨论该论证,同时扩大了其范围,并掩盖了其形式。我们在吕西亚斯的后继者身上既看到了概率论证的不断萎缩,也看到了它更为巧妙的运用。它在现代以对实施具体犯罪的动机的推测的形式留存了下来。

这些以及其他来自早期实践的变化,正如安提丰和吕西亚斯的演说所表现出来的那样,都是一种技艺必须使自身适应其所适用的条件的自然发展。安提丰所具有的严格(austerity)和造作(artificiality),虽然与公元前 5 世纪杀人罪审判的宗教和仪式氛围一致,但在普通诉讼中却极为出格。而尽管吕西亚斯在其质朴和谨慎上令人钦佩,但他在说服力上却有所丧失,不及伊塞优斯这方面表现出来的绰绰有余。

有一种所有演说家都使用过的极为有效的论证形式,它被称为反证法(*argumentum ex contrario*),以对现有案件设定的逆转为基础。这是一种简单的论证方法,它以一种吸引眼球和

229 激发兴趣的方式把观点呈现在法庭之上。它还充分利用了希腊语对相反陈述的自然适应性。任何人都可以学会它，它可以适用于每一种案件。安提丰的每一场演说都包含一个或多个例子。

> 我相信，假如那些被告只要一得知我将要起诉那个杀死我父亲的凶手就来与我接洽，并且表示愿意将他们的奴隶移交审查，而我却不愿意接受他们，那么这本身就会是他们无罪的最强有力的证据。但是，鉴于我愿意自己亲自讯问他们的奴隶，或者准许他们代替我进行讯问，那么同样的情形应是对我有利的证据，证明他们并非无罪。因为假如他们愿意提交自己的奴隶受审，而我却不接受他们，这将是对他们有利的证据。鉴于我愿意并准备好了去证实这件事，而他们却不愿意同意，那么同一情形就应对我有利。

这是一种吃力而又拙劣的表演，即使有最后两句的重复也无法得到改观。以后的演说家做得更好。我们在一份由德摩斯梯尼同时代的人撰写的演说稿中可以找到以下例证：

> 陪审团的各位，假设情况相反，欠我钱的不是这个人已故的兄弟，而我是那个欠他兄弟钱的人，你们认为被告不会以最为严厉的方式向我索债吗？而且假如我胆敢提出一个特别抗辩，说这个诉讼是不应主张的，我相信他会非常生气。那么，拉克里图斯，如果你认为这对你自己是正义的，那么为何它对我不是正义的呢？

我们可以在柏拉图的苏格拉底的《申辩篇》中找到反证法。“要是我在这儿真的是一个外邦人，你们一定同意我用从小习惯了的口音的方式说话，那么，同样，我现在向你们提出一 230
个正当请求——至少在我看来，它是正当的——你们不要管我的说话方式。”而且在同一篇演说中，苏格拉底在辩称放逐不可能时候说：“我才不会这么不合逻辑，以至于不能明白，你们，我的同胞公民，都不能忍受我的行事和言辞，而觉得这些是那么难以承受，惹人忌恨，以致你们现在要寻求除掉这些。”有时它也可以用来进行对比。“如果别人证明自己要么在血缘上要么在友情上是死者最亲近的人时，而你们却作出有利于他们的判决，却判决我们这些被所有人都承认是死者在血缘上和友谊上最亲近的人不配分得他的遗产，这是最令人愤慨的。”[9]

希腊人对在公共场合进行咒骂和人身攻击的态度与现代观点截然不同。[10]《伊利亚特》第一卷中阿喀琉斯与阿伽门农之间的争论充斥着任何坚持使用议会语言的现代集会都不能容忍的绰号。“你这个不知廉耻的，你这个狡猾头脑的，你这个醉鬼，你这个人面兽心的”，都是阿喀琉斯称呼阿伽门农的绰号，而他使用它们的时候对方居然毫无抗议。我们几乎不可想象，会有任何一个人在温顺地屈服于这样的侮辱后，却仍然能保留着其随从的尊重，更不用说他的自尊了。阿提卡喜剧的起源可以追溯到纪念狄俄尼索斯的生殖崇拜的歌曲和参与庆典的饮酒狂欢者的滑稽乐队所交换的粗俗人设，它提供了许多 231

[9] See Gebauer, De Argumenti ex Contrario Formis.

[10] Forsythe, op. Cit., p. 51; Bredif, Invective in Greek Eloquence, Demosthenes (trans. by Macmahon), chap. Ⅷ.

雅典人倾向于使用攻击性和侮辱性语言的例证。戏剧中的人物冲突(agon),或者说喜剧的标准论证,尤其如此。在演说家中,没有人能超过德摩斯梯尼在其针对梅迪亚斯的演说中所使用的粗鲁和侮辱性的语言,如“恶棍”“坏蛋”“流氓”“混蛋”“恶狗”“懦夫”“无耻之徒”“恶霸”“罪犯”等。他对待埃斯基涅斯的方式几乎是诽谤性的,而埃斯基涅斯也加倍奉还。“梭伦禁止在神殿、法庭、公共办公室以及节日庆祝期间说诽谤性的话。”但是,对这条法律违反显然比遵守的时候多。根据吕西亚斯的一位当事人的观点,提起诽谤诉讼是滥讼的一个标志。德摩斯梯尼说:“观众喜欢听指责和辱骂。”

想在早期的演说家中寻找德摩斯梯尼用于梅迪亚斯身上的绰号或者德摩斯梯尼和埃斯基涅斯之间更适合喜剧舞台而非法庭的交锋的类似内容是徒劳的。安提丰在其现存的三篇演说稿中表现出了令人钦佩的克制和庄严。他从不屈尊恶语相向,而且只有一次对一个被告人使用了绰号。那是一名被控杀害她丈夫的被称为克莱泰涅斯特拉(Clytemnestra)的妇女。这种夸张的手法有助于减轻安提丰所有演说中独具特色的悲剧语气和严肃态度。他的对手可能是不诚实和不道德的,但他
232 拒绝使用恶言恶语谈论他们。在他的一篇练习演说中,他采取了一种与后来的法庭演说术的主流语气和态度不相一致的语气和态度。“我的对手的行为比任何论证都能更好地表明,不可避免的情况迫使人们的言行与他们的更好的本性相违背。在此之前,他绝非无耻或绝望,但现在他的不幸已经驱使他使用了我从未想到会从他那里听到的语言。”但是,安提丰也是会咒骂和人身攻击的,这一点我们可以从一篇讽刺臭名昭著的亚西比德的文章片段当中清楚地看到。吕西亚斯在法庭演说

上与安提丰截然不同。他通常都是高贵而和蔼的，但有时也会使用讽刺和粗俗的人身攻击，以及玩笑和俏皮话。即使身患残疾，他也是公然藐视过元老院并逾越了许多法庭礼仪规则的特权人物，同时却克制了粗俗下流。在他控告埃拉托色尼斯时，他的克制令人印象深刻，那可是吕西亚斯在其接受审计时指控其谋杀自己兄弟的“三十僭主”之一。他只有一次对他使用了一个绰号——“最蛇蝎心肠的人”。这格外令人惊讶，因为他的一个当事人最猛烈地攻击了立法委员尼科马库斯（Nicomachus）。“他不再是一名奴隶，而是变成了公民，不再是一个乞丐，而是变成了有钱人，不再是一位下级职员，而是变成了立法者……本应被你们的民主制审判的人现在被证明是民主的颠覆者。”有人会对这个攻击的尖刻感到疑惑，因为攻击对象的唯一罪行不过是拖延完成法律修订工作而已。可能是因为他要把当事人的人设刻画为一个进行人身攻击和讽刺的充满激情的人。伊索克拉底虽然通常语言温和克制，但有时也沉迷于 233
恶言相向，这与德摩斯梯尼的最大努力不相上下。

有哪个控告人能充分地展示这个人的行为呢？或者说有谁能找到一个更加显著的不正义、诬告和无赖的例证呢？有些恶行并不能反映出犯罪者的全部性格。但从这人所犯的恶行中，我们可以看出作恶者的一生。一个能作证活人已经死了的人还有什么不能做的呢？一个为别人的利益作奸犯科的人，还有什么不肯为自己的利益冒险去做的呢？当他为了别人的利益作伪证而被定罪时，你怎么能相信他为自己的利益所做的陈述呢？还有比他更明显地被判作伪证的人吗？其他人你们是根据文字进行审判的,但是陪审员都认为这个人的证词是假的。

接下来的故事是卡利马库斯和其他十二个人如何发誓说,一个后来被送上法庭的女人已经死了。伊索克拉底以不那么艺术的方式描绘了这位钱庄掌柜帕西翁的得力助手皮托多鲁斯。

> 你们有谁不知道他去年打开了那些瓮,从中取出了元老院放进去的法官名单?假设一个人为了一点酬劳就肯冒着生命危险打开由政务会(*prytaneis*)密封、合唱团指挥(*choregi*)反封、由管家看守并存放在卫城(Acropolis)的瓮,那么为了获取丰厚的利润,通过收买奴隶或者其他方式篡改一张存放在外邦人那里的纸,这又有什么奇怪的呢?

安多基德斯是一个出身良好,却完全没有受过演说方面的
234 技术训练的人,与伊索克拉底的艺术性咒骂和个性研究相比,他更接近德摩斯梯尼和埃斯基涅斯为下一代人所设定的标准,当时政治冲突的苦难已经明显降低了公开演说的基调,正如他讲述的一个证人的故事所充分表明的那样:

> 他娶了妻子之后,接着又娶了另外一个妻子,也就是第一任妻子的母亲。母亲把女儿赶了出去。他在和第二任妻子一起生活时想娶埃皮里库斯(Epilycus)的女儿,以便外孙女可以把外祖母赶走。但是我们应该给他的儿子取什么名字呢?我认为没有人能计算出来该为他的儿子

> 取什么名字。因为这孩子的父亲有三任妻子,他是其中一个妻子的儿子,是另一个妻子的兄弟,是第三个妻子的叔叔。那么,他是谁?是俄狄浦斯还是埃吉斯?

安多基德斯的贵族政治偏见在他对一位臭名昭著的民主政治家希帕波鲁斯的用语上一览无余:“我羞于提及希帕波鲁斯,他的父亲是一个有烙印的奴隶,现在还在公共铸币厂工作。他自己是个外邦人、野蛮人,而且职业是一名制灯匠。”尽管演说撰稿人总是毫不犹豫地攻击对手或他的亲属、辩护人和证人,但他们的攻击会因为他们的文学形式中或幽默或讽刺的语气避免了粗俗。吕西亚斯在为某个特定的当事人准备一份演说稿时,允许当事人自己有一些自由,当他的当事人的性格和脾气允许时,他偶尔也会或多或少地“爆粗口”。但是,在与腓力的斗争中的政治激情被点燃,以及对非法立法的审判实际上成了以毁掉作为公共领袖的被告为目的的一场巨大的政治考验,一切克制都会被抛之脑后,是阿喀琉斯而不是安提丰成为
模范。然而,在德摩斯梯尼为普通诉讼中的当事人所撰写的演 235
说稿中,以及在针对他的监护人所发表的演说中,他都遵守了安提丰和伊塞优斯所垂范的法庭礼仪。在职业演说撰稿人的行列之外,还有一大批带着自己撰写的演说稿以诉讼当事人、起诉人和辩护人的身份出庭的人。毫无疑问,他们中的许多人就像客蒙那样,他“谩骂、撒谎和诽谤,叱骂阿里斯托芬,像尼亚加拉一样咆哮”。

阿提卡演说术的遗存出奇地缺乏幽默。熟悉法庭幽默选集的现代读者,自然会对阿里斯托芬的那些同胞的演说中所体现出来的幽默感的匮乏感到失望。但是在这一点上,我们应该

记住,雅典的程序和现代的程序之间存在明显的差别。在现代法庭上,机智和幽默的主要来源是在交叉询问过程中对执拗的证人的反驳和法官的附带判决(*obiter dicta*),这两者在雅典的法庭上都是闻所未闻的。在公元前5世纪,证人受到询问,但不是交叉询问;在公元前4世纪,所有的证词都以言词证据的形式出示。最接近交叉询问的是在公开法庭上当事人彼此间进行的诘问,这是一个很可能会给机智的人提供足够多的机会来机敏应答和反驳的诉讼程序;但是,被记录下来的这些审查完全不幽默。现存的大部分演说词都不是由那些发表它们的
236 人撰写的,而是由那些专家撰写出来的,这些专家职业上的成功在某种程度上取决于他们根据自己当事人的人设调适作品的能力。一个缺乏幽默感的演说撰稿人无法写出诙谐的演说词,而一个缺乏幽默感的当事人也不应该发表一篇幽默的演说,因为幽默是自发的。吕西亚斯的职业演说中的幽默就比其他演说家的要多,因为他最看重的就是努力塑造自己当事人的人设。假如一个当事人表现出了某种幽默感,那么他就会尽力将其反映在演说中,这是吕西亚斯的优点。有时整个演说都浸透着幽默,但通常情况下,讽刺和玩笑都是零星的。这是自然而然的。很可能吕西亚斯捡起了自己的当事人在讨论他们的案情时所使用的一些幽默的表达,并将其巧妙地融入演说之中。其实,说在吕西亚斯的演说中出现的大部分玩笑都是来自他的当事人,这是完全不可能的。他在巧妙地抓住和运用它们时,展现的是他自己的幽默感。

总体研究阿提卡法庭演说和其他适当源头的遗存可以发现,以故事、笑话和幽默的形式存在的资料少之又少,很容易收集起来。有一次,当德摩斯梯尼为一名囚犯进行死刑辩护时,

他注意到那些陪审员无精打采,心不在焉。于是他说:

> 先生们,我有一个有趣的故事要讲给你们听。一个人
> 雇了一头驴,把他从雅典带到麦加拉。中午太阳变得很
> 热,于是他下来坐在驴的阴影里。这时赶驴人提出了反 237
> 对。"为什么呢,伙计",旅行者叫道,"我不是雇了那头驴
> 一整天吗?""是的,没错",赶驴人回答说,"驮你,但不遮
> 你。"双方都坚持自己的观点,谁都不愿让步。最后他们
> 闹上了法庭。

演说家停止了讲述,但陪审员嚷嚷着要知道案件的结果。德摩斯梯尼说:"那么,你们为何对一个驴子阴影的争议那么感兴趣,却对一件生死攸关的大事甚至不愿费神去听呢?"德摩斯梯尼也被认为提出了一些有效的机智反驳。一个绰号为"黄铜"(brass)的小偷曾经责备德摩斯梯尼熬夜挑灯撰写演说稿。德摩斯梯尼回答说:"我很清楚,你宁愿所有灯都熄掉:先生们,难怪发生了许多失窃案,因为我们有黄铜贼和粘土墙。"有人可能会认为,埃斯基涅斯和德摩斯梯尼之间的决战一定会产生一些独具特色的阿提卡幽默片段。但是人们可能会感到失望。我举一个例子。在雅典,演说者把右手放在长袍的褶皱里,这是一种礼貌的举动。德摩斯梯尼在指控埃斯基涅斯从马其顿的腓力那里受贿时提到这一习俗,他说:"你应把自己的手放在袍子下面,不是当你在讲台上时,而是当你在大使的位置上时。"恶语相加和粗鄙个性随处可见,但幽默难寻。斗争过于激烈,激情十分猛烈。在《金冠辞》中,德摩斯梯尼以一连串著名的对比结束了一篇冗长的演说。"你教人读书,我去上

238 学;你进行启迪,我接受启迪;你在合唱中跳舞,我为它付钱;你是大会的职员,我是大会的发言人;你演三流角色,我在观众席上;你演砸了,我嘶嘶叫。”相对于之前的详述的个性来说,这是一种可喜的宽慰。一个愤怒的人不可能幽默。

吕西亚斯的一段文本表明,人身攻击也可以是幽默的。被告是埃斯基涅斯,苏格拉底以前的一个学生。演说者曾借给他一笔钱,让他去做香水蒸馏生意,“考虑到他是苏格拉底的门徒,并且习惯于高谈阔论德性和正义”。还有许多人也被他崇高的职业所欺骗。演说者继续说道:

> 我不是唯一一个被他这样对待的人。他家附近的杂货店不是也关了店起诉他了吗?他的邻居被他惹恼了,甚至那些有房子的人也搬到了其他地方租房子住。他的债主们从清晨起就蜂拥到他家里要求还钱,以至于路人觉得是正在举行葬礼。比雷埃夫斯的商人们认为和他做生意比去亚得里亚海的航行还要危险。因为他认为他借的东西比他从他父亲那里继承的东西更像是他自己的。

苏格拉底建议他削减口粮从而向自己借钱的故事很好地证明了他借钱的癖好。这个攻击最后以一个关于埃斯基涅斯的糗事结束。据说,案中的那个女人太老了,以至于“她的牙齿比她的手指更容易数”。

这里还出现了一些零星的俏皮话。德摩斯梯尼与梅迪亚
239 斯发生了一系列争吵,最终以严重袭击和殴打起诉了他,因为他在庆祝酒神节时在剧场扇了他的脸。德摩斯梯尼曾多次从这次袭击中获利。最后,埃斯基涅斯受刺激地说:“这是一种

投资,而不是这个家伙的脑袋。”或者就像多布森所说的那样:“他的脸就是他的财富。”德摩斯梯尼的一个当事人是一起排水诉讼中的被告,哀怨地问道:“倘若我既不能把水排到路上,也不能排到邻居的土地里,那么我土地上多余的水该怎么办呢?原告会坚持要我喝掉它吗?”吕西亚斯的一个当事人因杀掉了自己妻子的情夫而受审,因为法律准许他这么做,于是他以一种冷幽默的口吻说,倘若他被判谋杀罪,那么将会开创一个不幸的先例,将来那些被当场抓获的入室行窃者将会通过声称他们是奸夫淫妇来逃避暴力。

有时,一整段演说都充满了幽默。在伊塞优斯的一篇演说中(据说是他本人为了朋友的利益而发表的),有一段对客死异乡的尼科斯特拉图斯的遗产继承人的有趣描写。因为整个段落太长,这里只引用其中的几句:

> 当那两塔伦特来自海滨之地时,谁不剪发戴孝呢?谁不着黑衣希望通过自己表现出的悲伤来继承这些钱呢?一群亲戚和遗嘱收养的继子们作为尼科斯特拉图斯遗产的继承人出现了!……阿米尼亚德斯(Ameiniades)带着死者的一个三岁大的儿子出现在执政官面前,不过尼科斯特拉图斯不在雅典已经十一年了。

吕西亚斯有一篇代表一个接受城邦援助的身患残疾的人 240
的演说,它的独特之处在于它充斥着“近乎滑稽的幽默”。城邦受抚养人的名单定期修订,任何公民都可以在这些间隙向议会提出理由说明为何某个人不应继续领取养老金(gratuity)。这个案子里的残疾人是一个老人,他开了一家小商店,经营着小买卖。据控告人说,他的小店是一群不良公民最喜欢去的地方。显然,这个残疾人或多或少是一个言语尖刻的特权人物。吕西亚斯看出了其中的幽默,发表了一篇非常有趣的演说,一定会让法庭人员感到高兴,而让不幸的控告人感到迷惑。这篇演说混合了严肃的抗辩、讽刺的共情和机智的反驳。他认为攻击他每天 1 奥波尔的微薄收入的可能动机是勒索。"假设我被选中为一场戏剧的合唱团成员——这是一个荒谬的假设——我的对手将会履行十次礼拜仪式,而不会交换财产一次。""他为什么不因为我拿两根手杖而别人只用一根说我是一个活力四射的人呢?"控告人指控他是一个暴力、专横、傲慢的人,毫无疑问是指他无礼的举止和敏捷的口才。但是,这个残疾人选择将其理解为意指他霸凌民众,这显然是荒谬的。在回答他的商店经常被声名狼藉的公民光顾的指控时,他回答说他们既不比陪审员好也不比陪审员坏,每个人都在酒吧、面包店和烛台
241 厂有他最喜欢的休息场所,这是一种罕见的厚颜无耻。偶尔也会出现一些家庭哲学。老人必须小心。年轻人犯了年轻时的错误会被原谅,但年老的人犯了错却会同时受到老年人和年轻人的谴责。他总结道:"这次审判,是一件 2.5 奥波尔的事情。如果我得到了公道,我会感激你,我的控告人将来也会学会不要攻击弱者,而是攻击与他平等的人。"

也许演说家中讽刺的最佳例证就是希佩里德斯的以下片段:

德马德斯提出的理由不是尤瑟克拉特(Euthycrates)被任命的真正原因,但如果他必须是你的普罗塞努斯,我建议颁布我已经起草好的以下法令,详细解释他被任命的

> 真正理由：鉴于尤瑟克拉特代表腓力的利益演说和行动；鉴于他担任马官的时候，把奥林斯的骑兵（雅典联盟）出卖给了腓力；鉴于这种背叛行为，他应对迦勒底人的毁灭负责；鉴于在攻占奥林索斯后，他担任囚犯的估价员；鉴于在德尔菲神庙，他反对雅典的利益；鉴于当雅典在夏罗尼亚被打败时，他既没有帮助埋葬死者，也没有帮助赎回囚犯，因此决定任命尤瑟克拉特为普罗塞努斯。

就现存的演说而言，这就是阿提卡法庭幽默的故事。但有迹象表明，法庭上的诉讼程序并不像人们想象的那样枯燥。在阿里斯托芬的《马蜂》中，菲罗克勒翁热情洋溢地描述了陪审员的欢乐，美其名曰"这就是想要的生活"，以此回应他的儿子想要把他从"早期的、虚假的、告密的、麻烦的生活"转变为一种"轻松而又壮丽的生活"的尝试。对于诉讼当事人，他说： 242
"有些人给我们讲其他时代的故事，援引老伊索的智慧，开他们的玩笑逗我们笑。"正如我们所看到的，玩笑和故事在阿提卡的法庭演说中都屈指可数，若不是德摩斯梯尼对那种通过在法庭上展示风趣以分散人们对严重犯罪的注意力的流行做法提出过严重的抗议，有人会倾向于将这些陈述误认为是严重的夸大其词而摒弃。"哦，雅典人啊，你们宣告那些人无罪，他们明显被证明犯有最严重的罪行，只要他们说一两句诙谐的话，并且还有一些被选为辩护人的部落同胞为他们辩护。假如你们真的判定任何人有罪，你们也只确定25德拉克马的罚金。"这里的罚金数额似乎可以表明，德摩斯梯尼正在提到的无疑是那些相对微不足道的案件。他将它们描述为"最严重的罪行"，这在很大程度上是修辞上的夸张。这只是一个人最有可能自己亲自处理而不用承担聘请律师的费用就能解决的那种类型的案件。而且,正是从那些有信心处理自己案件的人那里,才能期待机智的应答、玩笑和俏皮话。此外,正如阿里斯托芬所说,也只有这样的诉讼当事人才能有把握地去冒险,“拖延并交叉询问他们的对手,设置细微的法律陷阱”。

243 在这一点上,我们不能忘记,公开发表的演说词并不是法庭上所有言行的记录。在柏拉图的笔下,审判结束后,苏格拉底又对陪审团发表了几分钟非正式讲话。其他人可能也会这样做。菲罗克勒翁在《马蜂》中说:

> 假如奥伊格鲁斯(Oeagrus)(一个著名的演员)穿上正装,那么直到他从自己的尼俄伯角色中选择最精彩最生动的一段给我们演说之前,他绝不会脱下它。而且,假如一个吹笛手赢得了他的诉讼案,他会用自己的嘴吹奏一支曲子作为我们善意的对价,我们就快速地走出法庭。

这些非正式场合或许可以轻易地给人们提供开玩笑和讲故事的机会。至于一篇公布出来的演说稿与真实发表的演说有多大差别,我们不得而知。无论如何,都会有人怀疑德摩斯梯尼可能已将驴的阴凉的故事写进了他的一篇已经公布出来的演说词版本之中。职业演说撰稿人似乎很少努力在他们的作品之中加入玩笑和戏谑。因此,让菲罗克勒翁高兴和让德摩斯梯尼受辱的那些笑话和故事一定出现在诉讼当事人自己撰写的诘问和演说中,以及出现在雅典法庭准许的非正式交流和诉讼程序中。

第十一章 著名的雅典审判

为了说明前文所描述的法律程序和诉讼中某些更具特色的诉讼策略和变迁,我简要概括了四场审判,它们涉及一些杰出的雅典人,例如安提丰、苏格拉底和德摩斯梯尼。同时,它们也都是典型的雅典案件:两种弹劾、一场刑事审判和一场民事诉讼。 244

安提丰的审判

公元前 411 年,四百人寡头政治刚被推翻,安提丰和阿克普托勒姆斯(Archeptolumus)就遭到了叛国通敌的指控,因为他们都曾是一个被派往斯巴达的使团的成员,而这个使团缔结了有利于寡头的条款。弹劾是由十将军向议事会提起的,据推测可能是因为使团损害了军队的利益。对于究竟是议事会率先发难还是公民大会授权议事会采取行动,仍有一些疑问。没有任何迹象表明被告出席了议事会的开庭。案件的初步证据被确定下来,将军们得到决议指示,将被告监禁了起来,并在必要的时候将他们送到由司法执政官主持的法庭上受审。将军们得到了从议会挑选
245 出来的十名辩护人的协助,而且任何希望参加的志愿者都可以加入进来,他们共同进行起诉。关于安提丰的辩护,修昔底德说:"他对自己的生命做了到我的时代为止所有人中最具才智的抗辩。"而且,当诗人阿伽通在他被定罪之后祝贺他辩护的出色时,他像一个贵族和学者一样回答说,他更喜欢得到一个有品位的人的认可,而不是任何普通大众的赞许。1907 年被发现的一些纸莎草纸碎片使得这篇著名的演说中的一页重见天日:

裁决如下:

> 被判叛国罪——阿克普托勒姆斯,希波达穆斯(Hippodamus)之子,隶属阿格里尔,在场;安提丰,索菲鲁斯之子,隶属拉姆努斯,在场。裁定将这两人移交给十一人委员会(the Eleven);没收其财产,向女神缴纳什一税;将他们的房子夷为平地,将界石置于原址之上,刻上"叛徒安提丰和阿克普托勒姆斯之家"的字样;(阿格里尔和拉姆努斯)的行政长官应指出他们的房子所在。将他们埋葬在雅典或在雅典人统治的任何土地上都是非法的。阿克普托勒姆斯和安提丰及其后代,无论是婚生还是非婚生,均褫夺全部公民权;假设一个人收养阿克普托勒姆斯或安提丰的后代,褫夺收养者的公民权。[1]

---

〔1〕 Pseudo-Plutarch, *Lives of the Ten Attic Orators*(trans. by Jebb).

十将军的审判

246

四百人僭政被推翻和安提丰去世五年之后发生了一场审判,它虽然有些不寻常,却也是一个具有启发性的案例,它乃是一起并非由某个法庭而是由公民大会自身审理的弹劾案。[2]公元前406年,雅典海军在阿吉努塞诸岛附近取得了一场重要的胜利,却也损失了25艘战船。战役刚一结束,负责指挥的一名将军埃拉西纳德斯提议在接收伤亡人员之前,即刻去营救被封锁在米蒂利尼港的一个中队。他的提议遭到了拒绝,而狄奥米登(Diomedon)的建议却得到了支持:既要派遣一些船只去寻访遇难船只,同时又要保证主力部队继续前往米蒂利尼港。救援工作分配给了两个三层桨战舰船长:特拉梅内斯(Theramenes),他是四百人中的温和派;还有瑟西布鲁斯(Thrasybulus),他后来作为对抗"三十僭主"的反革命领袖而闻名。最后究竟是因为将军们迟迟未能确定营救残损船只上的人员的措施,还是因为船长在执行军令时玩忽职守,目前尚不确定。不管怎么说,当中队集合起来的时候,出现了一场猛烈的风暴,寻访失事船只变得不再可能。在他们发给元老院的战报中,将军们经过一番讨论后决定将其未能找到伤亡人员的失败解释为由风暴所致,而丝毫没有提及将任务委托给他人的事情。虽然雅典人对胜利欢欣雀跃,却对人员损失感到悲恸,于是他们就罢免了将军们,其中只有康农(Conon)一位将军例外,因为他一直在指挥被封锁的中队,并命令他们待命。只有

---

〔2〕 Cf. Underhill, "The Trial of the Generals after Arginusae," *Comentary on the Hellenica of Xenophon*, p. 325.

247 六位将军服从了传唤。其中之一即是伯里克利,伟大的政治家阿斯帕西亚(Aspasia)之子。

议会采取了行动,根据提莫克拉底的提议,决定逮捕将军们,并将他们交给公民大会,而不是像在安提丰案中那样交给法庭。这是一起背叛城邦海军的犯罪。公民大会上的第一次听证具有预审的性质,就像地方行政官在正式审判之前所实施的确定初步案情证据的行为。特拉梅内斯是主要的控告人。将军们的解释是说风暴导致营救工作变得不可能,这一解释是否充分似乎受到了质疑。假设当机立断开展救援,那么它在风暴来临之前本可以轻易完成。有人玩忽职守了。这种情况迫使特拉梅内斯即使是出于自卫,也要去控告那些为自己简略辩护的将军们。在诉讼程序的这个阶段,被告不被允许有固定的发言时间。议员们都愿意在假设控告被决定继续进行的情况下,为下一次听证将军们的出庭缴纳保释金,这一点表明公民大会上留下的印象是极其有利的。似乎他们一直被关在监狱里,是由于他们找不到任何人提供保释金。将军们的对手感觉到了公民大会的有利态度,于是他们提出了休会的动议:因为天色太暗无法举手投票。与此同时,城邦通过了一项提议,指示元老院达成一项筹备审判的决议。这些策略的不公平性是
248 昭然若揭的。在元老院执行这一提议之前,阿帕图里亚庆典开始了。它就像我们的圣诞节一样,也是家庭团聚的时刻,凸显出对逝去亲人的哀悼。据说特拉梅内斯及其友人利用了这种局面,千方百计地激怒了反对将军的平民。议会的决议极其强烈地反映了公众舆论的变化。

兹决定:鉴于雅典人在上次公民大会的集会上既听取

> 了那些对将军们提出指控的控告人的意见，也听取了为自己进行辩护的将军们的意见，现在按照部落分别进行投票；在每个部落的投票点设置两个瓮；每个部落的传令官宣布，谁判定将军们有罪，因为他们没有去接那些在海战中赢得胜利的人员，就将自己的票投到第一个瓮，而谁判定他们无罪，则应将自己的票投到第二个瓮；倘若他们被判有罪，则会被交给十一人委员会，并会被判处死刑，他们的财产会被没收，财产的十分之一会被献给女神。

这项决议遭到了质疑，并且有人提议起诉违宪立法的动议
者。没有迹象表明起诉的理由是什么。起诉的直接效果是中
止决议的执行，审判也随之推迟。那群乌合之众提出了抗议。
吕西克勒斯（Lysicles）提出了一项动议，把那些负责提出起诉
的人与将军们一同纳入议事会的决议之中。这几乎算不上一
个严肃的提议，但它具有震慑起诉人并迫使其撤回起诉的效
果。但是，议事会执政团的一些人，他们是公民大会的主席，拒
绝提交动议，理由是它是非法的。乌合之众们再次抗议，除了 249
苏格拉底之外，所有人都让步了。苏格拉底的反对也无济于
事；他的建议被其他人否决了。在动议被提交之前，伯里克利
的表弟欧里普托勒姆斯（Euryptolemus）提出了一项修正案，规
定要么在公民大会上为每个人单独安排一场审判，要么将案件
交给一个常设法庭审理，一旦定罪，将处以最严厉的惩罚，即死
刑、没收财产和葬于邦外。起初修正案获得了通过，但投票结
果立即遭到了质疑。无论反对意见是什么，得到的回应显然都
是以适当的形式重新提出修正案。但这一次反对意见被否决
了，最初的提议又占据了上风。将军们被证明有罪，且没有进

一步辩护的机会。欧里普托勒姆斯是他们的辩护人,他在支持应由公民大会进行审判的动议过程中,把议事会的决议中所建议的程序定性为违法。违法之处似乎在于拒绝给予他们独立的审判和充分的辩护时间。毫无疑问,基于这些理由,该决议在公民大会上受到违宪的质疑。欧里普托勒姆斯警告人们,如果他们坚持自己的违法行为,他们将来肯定会追悔莫及。他们果真如此。雅典的法律规定,那些欺骗人民的人应该受到弹劾。根据投票,议事会决议的提议者卡利塞努斯(Callixenus)和其他一些人应根据这条法律受到审判。他们被逮捕了,但却设法逃出了监狱。在"三十僭主"被推翻后,卡利塞努斯在大赦之下返回了城邦。但是,他是如此的受人憎恨,以至于被饿
250 死都无人问津。这一迟来的情节,它无益于遭受不公的受害者,却可以作为对未来的一个有益警示。

司法不公在任何体系下都会发生,但这次审判的不公是如此的明目张胆和蓄意为之,以至于现代读者很容易得出一个结论:公民大会上的雅典人就是一群刚愎自用、毫无思考的暴民,当暴民精神被唤起时,他们公然反抗法律所施加的所有约束。问题在于在把一个政治机构作为法庭使用时,仅仅提供宪法保障是不够的。人民在把一个政治问题转为一场法律审判时并没有处于正确的心态。他们往往会把自己在政治争议中的激情和仇恨带到司法程序之中,这是无法避免的。当一个大型的专门小组被组织起来形成一个法庭时,情况有所不同。他们宣过誓,而且被告们有固定的时间进行辩护。这里的气氛与普尼克斯(Pnyx)极为不同。法律规定,演说人要对在议事会、公民大会或陪审团欺骗人民的行为负责,这是一个值得称赞的尝试,这一体系间或将司法活动置于至高无上的人民手中,将这

种制度的某些弊端降到了最低。这场审判的恶名表明,这种明显的司法不公只是例外而非常规。

苏格拉底的审判

对苏格拉底不虔敬的审判发生在公元前399年。第欧根尼·拉尔修(Diogenes Laertius)在其《苏格拉底的生平》中记载了这一诉状。

> 这一诉状由皮提斯的莫勒图斯之子莫勒图斯针对阿洛佩斯(Alopece)的索弗罗尼斯库斯之子苏格拉底提起。苏格拉底是一个作恶者,因为他不相信城邦所信诸神而是引入了其他新的神祇。而且,他是一个作恶者,还因为他败坏青年。刑罚为死刑。 251

由于指控的罪名是不虔敬,案件属于国王执政官的管辖范围,他负责处理所有宗教罪行。柏拉图的题为《游叙弗伦》的对话场景即为国王执政官的门廊,苏格拉底刚刚在那里提交了他对起诉状的答辩。

> 游叙弗伦:发生了什么新奇的事,苏格拉底?你竟然离开了消磨光阴的学园(Lyceum),此刻逗留在王宫的前廊。你不至于像我这样,在御前打官司。
>
> 苏格拉底:我的官司,雅典人不叫做控告,叫作公诉。
>
> 游叙弗伦:你说什么?仿佛有人对你提出公诉;我不信你会对别人提出公诉。
>
> 苏格拉底:当然不会。

游叙弗伦:那么是别人起诉你?

苏格拉底:正是了。

游叙弗伦:他是谁?

苏格拉底:我不甚了解这人,他似乎是个年少无闻的。我知道他名叫莫勒图斯。

游叙弗伦:他对你提出了什么公诉?

苏格拉底:据我看非同小可……他说他知道青年如何学坏,谁引诱他们学坏。他显得有学识,发觉了我不学无术、引诱与他同年辈的人学坏,就向城邦告发……耸人听闻的事:他说我是神的创造者;因为我创立新神,不信旧神,他说为了维护旧神而提出公诉。

游叙弗伦:我了解了,苏格拉底;因为你说神时常降临告诫于你,他便指控你革新神道,到法庭诬告你一番。

252 游叙弗伦是正确的。对苏格拉底不虔敬的指控是基于苏格拉底自己声称:无论何时只要他要去做一些不正确的事情,总会有一个内心的声音劝阻他,他称这个声音为精灵之事(*daemonion*)。

当时吕西亚斯作为一名律师正如日中天,他撰写了一篇演说稿,并将其交给了与自己关系十分融洽的苏格拉底。苏格拉底读后说:“亲爱的吕西亚斯,这是一篇精美的演说稿,但是它不适合我。”而且,可以肯定的是,这篇演说在形式和特点上更富修辞,更像法庭演说,而非哲学演说。当吕西亚斯问为什么说它是一个好的演说却并不合适时,苏格拉底回答说:“难道不可能存在精美的却不适合我的鞋子和衣服吗?”吕西亚斯并不是苏格拉底的唯一关心其辩护问题的朋友。就在案件开庭审理之前,苏格拉底的一位密友赫莫杰尼斯(Hermogenes)责备他讨论了所有事情,唯独没有讨论审判,并问道:"你难道不应该考虑一下你要在自己的辩护中说什么吗?"苏格拉底回答说,"你难道不认为我一生都在通过不做错事为自己准备辩护吗?"赫莫杰尼斯对这个答案很不满意,并指出无辜的人经常被定罪,作恶者却会被受雄辩左右或为怜悯所动的陪审员宣告无罪。

在审判之前与预审之间的这段间隙,苏格拉底处于自由状态。根据雅典法律,他甚至可以通过自愿流放来完全避免审判;但他一旦选择接受审判,他就必须承受相应后果。

当时有好几种关于苏格拉底审判进展的叙述。在现存的 253
两份叙述中最为详细的当属色诺芬所著的《苏格拉底的申辩》(*Apology of Socrates*)。有一天,苏格拉底在一条狭窄的小巷里遇到一个英俊绝伦谦恭有礼的青年,他就把手杖横在路上,以自己惯常的方式省察他。他发现这个青年不能回答人何以变得"美和善"的问题,于是就说:"跟我学吧!"因此,色诺芬就成了苏格拉底的学生。公元前401年,他加入了著名的居鲁士的希腊雇佣军"万人大军",因此在苏格拉底受审时,他并不在雅典。他返回雅典后就开始记录他从苏格拉底的一个青年朋友赫莫杰尼斯那里了解到的审判事实。他为他所说的其他作者都注意到了却没有进行解释的"苏格拉底演说的傲慢"提供了一个解释。因为有两次都被自己内心的声音劝阻不要准备一篇演说词,苏格拉底得出结论说,他受神的指引,让事情顺其自然,他认为在他的生命中,当他还完全具有自己的能力时,轻松的死亡比缓慢的年老衰亡更加可取。"如果因为我阐述我从神和人那里所受的恩遇以及我对于我自己的看法而激怒了法官们,那么我将宁愿选择死也不愿奴颜婢膝地乞求比死还坏得多的苟且偷生。”这个案子由一个由 501 人组成的专门小组审理。莫勒图斯是起诉人,他有两个辅助人,一个叫阿努图斯,乃是一名著名的政治家,另一个叫卢孔,没有什么名气。

254 雅典法律禁止将不同的犯罪合并到同一份诉状之中,但是这一法律并没有得到严格的解释和执行。违反公共道德的罪行可以与不虔敬的指控合并起来。阿斯帕西亚就被同时指控过不虔敬和“助长了年轻女孩的违法行为”。这是关于苏格拉底的起诉形式的一个充分的先例。苏格拉底首先被指控引入了新神祇,却遭到了法官的抗议,他们“低声表达自己的异议,有些人不相信他所说的话,其他人则出于纯粹的妒忌,认为苏格拉底从上天得到的比他们更多”。他引用了德尔斐的神谕,说他是最有智慧的人,结果迎来了“更加强烈的低声异议”。在他的演说结束时,他的许多朋友,包括柏拉图在内,都支持他的诉讼。结果公民大会以 281 对 220 的多出 61 票的多数票做出了有罪裁决。由于法律没有规定对不虔敬罪的具体惩罚,因此同一小组立刻举行了第二次审判以确定刑罚。因为莫勒图斯已经提出判处死刑的刑罚,苏格拉底有权提出一个替代刑罚。苏格拉底一开始拒绝这么做,因为那将意味着承认有罪。从色诺芬的叙述来看,他似乎一直都坚持拒绝,但这不太可能。最终,他被说服提出了处以一笔罚金的建议,不过考虑到当时法庭的态度,放逐应该是一个更为合理的方案。他所提出的罚金数额很小,不是 5 美元就是 20 美元。当法官们在喋喋不休地抗议时,他以一种肯定会被视为轻蔑的态度大胆地提议应在
255 政府大厅公费用膳,以作为他为雅典人所做贡献的奖赏,正如其他公共恩人通常所受到的对待那样。这种态度彻底激怒了

法官，本来在有罪问题上，多数票只超出 61 票，与之相比支持死刑的多数票涨到了 141 票。审判结束后，他平静地与朋友们聊了聊裁决结果，离开法庭时他“以与他的言辞完全一致的方式——在他的眼神里、在他的手势上和在他的脚步中，都能看到同样光辉的气度”。

柏拉图以法庭演说的形式叙述了对苏格拉底的审判，[3]他把苏格拉底认为的在吕西亚斯的演说稿中出现的令人反感的法庭的和修辞的因素与它所缺乏的哲学的因素巧妙地结合起来。其语言接近苏格拉底平常讨论时所使用的普通的日常语言。柏拉图所著的《申辩篇》由三篇不同的演说构成。第一篇是对起诉人演说的回答，处理的是有罪或无罪的问题。第二篇是在已经做出“有罪”裁决之后发表的，它致力于介绍苏格拉底所提出的替代性刑罚。第三篇是在审判结束之后对法官们所做的非正式发言。当官员们正准备将其送往监狱的时候，苏格拉底在法庭上逗留了一小段时间，他利用这个间隙首先向那些投票判他有罪的人发言，接着向那些投票宣告他无罪的人发言。在雅典人的常规中，并不存在类似的程序。柏拉图只是 256
选择把一些非正式的评论用演说的形式表达出来，而根据色诺芬的说法，这些非正式的评论是苏格拉底对他的朋友们详细说过的。他的这些话很可能也被任何一个愿意听的法官听到了。柏拉图颠倒了色诺芬笔下的苏格拉底提出的刑罚的顺序。他先是提出了在政府大厅用膳，然后是 1 米纳的罚金，随后由他的朋友们，其中包括柏拉图，把罚金增加至 30 米纳（相当于 540 美元）。对于一个声称自己不是公犯，而是公众恩人的人

〔3〕 Bonnoer, “The Legal Setting of Plato’s Apology,” *Classical Philology*, Ⅲ, 169 ff.

来说,这样做是很自然的。但是相反的顺序,即罚金、奖赏,与色诺芬所讨论的“演说的傲慢”更为一致。当苏格拉底提出罚金时,他以奖赏替代罚金的方式,凸显了他对法官们抗议的蔑视。

尽管柏拉图笔下的主体演说被认为是即兴的,但陈腔滥调、刻板的话题和呼吁并非一概没有,不过引入它们的方式传递的却是自然的印象,例如,苏格拉底声明这是他第一次出庭,承诺“说真话,并且只说真话”,诉诸陪审誓言,以及一再请求人们安静听审。同样,苏格拉底试图通过铺陈自己对民主的忠诚以及在“三十僭主”统治之下的放逐,确立起凯瑞丰(Chaerephon)这位称苏格拉底是最智慧者的神谕的接受者的可信性,
257 这种巧妙的方式与演说撰稿人的常规做法一致,即试图通过使人注意他对民主制度的坚定不移的支持为当事人博得同情或证人的信任。乍一看,似乎没有习惯性地提到对城邦所做的服务,但这只是放弃形式、保留实质的另一例证。这是因为就呼吁而言,没有什么比表面上看漫不经心实则巧妙地提到自己在波提代亚(Potidaea)围攻和代立昂(Delium)战役中的服役更加有效的了。

我们从色诺芬的《申辩篇》中得知的苏格拉底对莫勒图斯的漫不经心的发问,被柏拉图精心打造成了一个惊人的示例,以说明像苏格拉底这样一位精于交叉询问的大师在公开法庭上对诉讼当事人进行诘问的非凡效果。为了证实他的一些陈述,柏拉图笔下的苏格拉底还诉诸法官的知识。雅典的法庭经常采用这种确证的手段。他还非常有效地利用了一种挑战。在回答有关他败坏青年的指控时,他询问为什么这些被败坏的青年或他们的亲属都没有被送上证人席。如果这是起诉人的疏忽,苏格拉底会给他提供一部分时间来纠正这个错误。他以

戏剧性的方式指出了自己的许多年轻同伴及其亲属都在庭上，并向莫勒图斯发出挑战，要求传唤他们作为证人指控自己。有两次承诺提供言词证据的情况，但没有任何迹象表明已经提供。

通常情况下，死刑判决的执行几乎没有迟延，但由于一个幸运情况的出现，这一案件的判决并未立即执行。在审判的前一天，一个朝圣使团被派往了提洛岛。在该使团返回之前，不允许处决犯人，因为必须保持城邦不受污染。而在这一次，逆风使得使团的返回耽误了许多天。在这个间隙，苏格拉底有足够多的机会与自己的朋友们交流。柏拉图的对话《克力同》和《斐多》都属于这段时期。前者讲述了克力同试图说服苏格拉底越狱却未能成功的故事。《斐多》则致力于讨论灵魂的不朽，并描述了苏格拉底生命的最后几个小时。柏拉图说："这是我们的朋友，他那个时代最好的、最智慧的、最正义的人的结局。"色诺芬简单质朴的悼词同样有效。"倘若任何一个以德性为自己追求的人曾遇到过比苏格拉底更有益的朋友，我要祝贺他，他是最令人羡慕的人。" 258

就像将军们的案件一样，在苏格拉底的案件中，人们普遍反对裁决，尽管诉讼的程序是完全常规的。伟大的雕刻家利西普斯(Lysippus)建造了一座青铜像来纪念苏格拉底。假如第欧根尼·拉尔修所言非虚，大意是后来莫勒图斯被判处了死刑，其他人则被流放，那么唯一的罪名可能是他们欺骗了人民。当时的叙述中并没有提到这样的审判。

德摩斯梯尼诉阿佛布斯等人案的审判 259

老德摩斯梯尼的遗嘱规定，他的遗孀应嫁给他的一个侄子阿佛布斯(Aphobus)，嫁妆为80米纳；他的女儿在达到结婚年龄后，应嫁给他的另一个侄子狄摩芬(Demophon)，嫁妆为2塔伦特；这两个人和他的老友塞里皮德斯(Therippides)应作为遗产执行人和他的两个年幼孩子的监护人，一个是五岁的女孩，另一个是年长两岁的德摩斯梯尼，未来的演说家。在德摩斯梯尼未成年期间，塞里皮德斯将获得70米纳的利息。剩余的遗产将用于投资，超出子女生活费的剩余收入则储存起来为德摩斯梯尼所用。

在希腊将遗孀许配给遗产执行人和孩子监护人的做法屡见不鲜。人们认为以这种方式建立的关系保障了监护人的更大利益。德摩斯梯尼在一篇演说词中援引了雅典和埃伊那的这种做法的其他例证，这篇演说词是他为自己的客户钱庄掌柜佛尔米奥撰写的，佛尔米奥根据遗嘱娶了著名钱庄掌柜帕西翁的遗孀。

根据德摩斯梯尼的说法，遗产的价值是13塔伦特和46米纳。他认为如果管理得当遗产的价值本应翻倍或增至三倍。但是，因为没有租赁制盾厂，也没有把手头上的钱用于投资，他
260 们管理不善、挥霍无度、侵吞财产，以至于当德摩斯梯尼成年时，他只得到了他应得财产的十分之一。阿佛布斯和狄摩芬犯下的其他恶行还有他们拿走了嫁妆，却没有娶那些妇人为妻，导致德摩斯梯尼如不能收回嫁妆，他就不得不提供嫁妆。由于无法从他们那里得到任何清偿，德摩斯梯尼首先提议将争端交给双方的朋友进行仲裁。这个提议他们拒绝接受，于是德摩斯梯尼被迫诉至法庭。

同时攻击三个有钱人，这绝非易事，因为他们已经从对遗产的掠夺中积聚了自己的财富。好在德摩斯梯尼的教育并没

有被忽视,尽管他的老师们也曾被他的监护人骗走了学费。他完全可以从一个职业写手那里获得合适的演说词,并得到有能力的辩护人的支持,但他更喜欢自己撰写演说词。似乎就在这个时候,他听说当时最出色的演说家和政治家卡利斯特拉图斯针对其在阿提卡北部边境失守奥洛波斯(Oropus)的叛国罪指控进行了著名的辩护。这位伟大政治家的雄辩激起了这个年轻人成为一名有能力为国效力的演说家的雄心。于是,他向伊塞优斯寻求建议和指导。两年结束后,他认为自己为争辩做好了充分的准备,于是在公元前 364 年对阿佛布斯发出了一份要求赔偿 10 塔伦特的诉状。这个案件首先交给了一名公共仲裁员,他作出了有利于德摩斯梯尼的裁决。阿佛布斯拒绝接受裁 261
决,并向陪审法庭上诉。在听证会的前几天,阿佛布斯诱导了梅迪亚斯的兄弟特拉叙洛库斯(Thrasylochus)(他后来变成了德摩斯梯尼最恶毒的敌人之一)对德摩斯梯尼发出挑战:要么承担三层桨战舰船长职务,要么为了履行该职务的目的与之交换财产。雅典的法律为解决这一争议提供了一定的手段,但德摩斯梯尼不能等待法律的缓慢进程。阿佛布斯这样做的目的就是要在财务上难倒德摩斯梯尼,因为德摩斯梯尼要么以自己本就微薄的钱财完成昂贵的服务,要么他接受了财产交换,以确保从德摩斯梯尼的遗产的新所有人那里解脱出来,因为诉讼财产是被包括在交换之中的。起初,德摩斯梯尼暂时同意了接受财产交换。特拉叙洛库斯立即步步为营,要求免除对监护人的所有主张。但是,德摩斯梯尼及时意识到了自己所处的困境,撤回了自己的同意,并承担了三层桨战舰船长职务。

这个案子进入了审判程序,判决德摩斯梯尼胜诉,赔偿他 10 塔伦特。阿佛布斯试图通过以伪证罪起诉一名证人的方式重审这个案件。在审判之前，阿佛布斯曾向德摩斯梯尼挑战，要求放弃对米利亚斯（Milyas）进行拷问审查，这个人是属于遗产部分的铸剑厂的领班。德摩斯梯尼拒绝接受这个挑战，理由是这个人是一个自由人，在他的父亲死前不久已经被释放了。
262 为了证实这一说法，他提出了三个证人的证词，证明阿佛布斯在仲裁中已经承认那个人不是奴隶。阿佛布斯现在启动了对其中两名证人的诉讼程序。德摩斯梯尼在一篇现存的题为《驳阿佛布斯》（*Against Aphobus*）的演说中为第一个受审的人法努斯辩护。他争辩说，即使被攻击的证词是虚假的，它也无关紧要，同时趁机按照雅典的惯例审查主体诉讼的某些支撑点。法努斯被宣告无罪，德摩斯梯尼继续努力收回判定给他的10塔伦特。阿佛布斯千方百计地阻挠，以阻止判决的执行。因此，当德摩斯梯尼试图占有属于阿佛布斯的房子和土地时，阿佛布斯的姐夫奥内托尔（Onetor）就跳了出来，声称该财产已抵押给他，以保证偿还他的已与阿佛布斯离婚的妹妹的嫁妆。恰当的程序是对奥内托尔提起驱逐之诉。德摩斯梯尼在这场诉讼中的演说稿留存了下来。他辩称，这名女子实际上从未离过婚，抵押乃是欺诈行为，目的是使他无法实现判决内容。这个案件的结果不得而知。

对其他监护人的主张从未开庭审理。面对对阿佛布斯的巨额裁决，他们很可能作出了妥协。无论如何，德摩斯梯尼后来与他的监护人狄摩芬的父亲狄蒙（Demon）非常友好，并为他在与芝诺忒弥斯（Zenothemis）的诉讼中写过一份演说稿，这份演说稿留存了下来。据普鲁塔克的说法，德摩斯梯尼只收回
263 了他的一小部分遗产。这个说法得到了德摩斯梯尼的证实，他在自己控告梅迪亚斯的重伤诉讼演说中说到了这一点。

狗的审判

如果没有阿里斯托芬在《马蜂》中对雅典审判的巧妙的滑稽模仿，任何著名的雅典审判选集都将是不完整的。在喜剧《菲洛克伦》（*Philochleon*）中，一个老迈执拗的陪审员最终被自己的儿子安提克勒翁成功说服，放弃了陪审团服务，并在自己的家里的家庭成员之间组织司法活动。他的儿子建立了一个家庭法庭，就像一个常设地方司法官那样开展司法程序。父亲审理案件。提起控告的狗，即一个化妆成狗的演员，通过吠叫回答自己的名字。起诉则由索西亚斯（Sosias）进行，他是一个扮演律师的奴隶。作为被告的狗由于恐惧甚至不能吠叫，以及安提克勒翁扮演他的律师。

将法庭与公众分开的官方栅栏、投票用的瓮和水钟一应俱全。法庭开庭时向阿波罗祈祷。然后是起诉、演说、询问证人和被告幼崽的呜咽声。诉讼程序经常被老陪审员以真正阿提卡的方式打断和活跃起来。

对于观众来说，这出喜剧之所以幽默，很大程度上是因为被控偷食西西里奶酪的那只狗实际上代表着拉凯斯（Laches），他是一位著名的将军，几年前在指挥西西里远征时被怀疑与出纳员，即喜剧中的奶酪商，相勾结侵吞公款。他似乎真的是被 264
煽动家客蒙控告过。[4] 狗的名字叫拉贝斯（Labes），掩盖了将军的名字。但这个名字也包含了真正的阿里斯托芬式的双关语，“λαμβάνω”（词根是 λαβ-）这个词的含义是“拿到”或“抓住”。阿里斯托芬式的双关语，在这个场景中有好几个，并不

〔4〕 Bury, op. cit., p. 465.

容易重现。但是,译者的努力往往很有趣,即使他们离成功还很远。恺撒作为狗的一个常见名字可以被译为希腊语"*Labes*",即"抢夺者"(seizer)。[5] 同理,执行起诉的无名狗实际上是克勒翁,它的名字立刻被"*Kuon*"暗示出来,即"狗"这个单词。

但是,我们没有必要继续纠缠案件的这个方面。作为一位伟大的喜剧演员对雅典审判的滑稽模仿,这个场景充分证明了它的合理性。

> 儿子:来吧,父亲,指天为证,受我指引。
>
> 父亲:我受你指引什么呢?请随便说,但有一个例外。
>
> 儿子:那是什么?说来听听。
>
> 父亲:关于我从陪审员席上退休的事情。在我同意之前,只有死亡能决定这个问题。
>
> 儿子:好吧,假如离开陪审员席从你的城邦法官的位置上退下了,你无法开心,那就待在家里,给你自己的家庭主持正义。
>
> 父亲:关于什么?你在胡说八道。
>
> 儿子:那些跟常设法庭处理的事项相同的事情。假如一个女仆偷偷打开前门,罚她两分。

265 无论如何,这就是你在这些情况下在法庭上所做的事情。而且,你还会将事情安排得适合自己。假如拂晓时分天气暖

---

〔5〕 我非常感谢罗杰斯的版本,我从他那里自由地借用。有时不确定的部分的分布是牛津版的。我省略了一些段落,因为如果没有冗长的评注,它们是不易理解的。

和，你就端坐在阳光里，照亮罪犯。假如下雪或下雨，就钻进屋里，在炉边记下判决。而且，即使你睡到中午，也没有哪个地方司法官会把你赶出法庭。

父亲：那适合我。

儿子：除此之外，即使一个诉讼当事人发言冗长，你也不会挨饿，既不用担心你自己，也不用担心被告。

父亲：我怎样才能在反复咀嚼时像以前一样判断呢？[6]

儿子：其实会更好。因为俗话说，当证人不说出真相时，陪审团就会反复咀嚼，并难以做出决定。

父亲：我服了你了。但有一件事你没有提到。我从哪里领工资呢？

儿子：从我这里。

父亲：那好。我将独自领工资，不跟别人一起拿。那个恶作剧者利西斯特拉图斯（Lysistratus）曾对我使坏。他收到了两份[7]工资与我平分，结果他去鱼市场找零钱，递给我一些鲻鱼鳞片作为我的那份，我以为是硬币，就把它们咬在嘴里，味道恶心，于是我就把它们都吐了出来。然后我就把他拖了过来。

儿子：他对此怎么说？

父亲：他说我有公鸡般的胃，可以毫不费力地消化

---

〔6〕 字面意思是“eating”。

〔7〕 陪审员的工资是3奥波尔。当时零钱很稀少，发薪人员为了方便往往给一个陪审员1德拉克马（6奥波尔），找回一些零钱再付给另一个陪审员。雅典人经常把小额零钱含在嘴里。

它们。

儿子:你看看你在这里有多么大的优势。

父亲:确实不小。执行你的计划吧!

儿子:在这里等我,我去拿设备。(出去)

266 父亲:看看神谕是怎么被实现的。因为我听说有一天雅典人会在自己家里举行审判,每个人都会在自己的前院设立一个像赫卡特神社一样的小法庭。

儿子:(带着法庭设备回来)看这里。你觉得怎么样?我已经带来了我答应过的一切,还有很多其他的。这是夜壶。假如需要的话,就将它挂在附近的一个钉子上。

父亲:这真是为一个老人准备的体贴而方便的必需品。

儿子:这里有一堆火,旁边有燕麦粥,你想喝的时候就喝。

父亲:很好。即使我发烧了仍会得到工资。因为我就留在这里,喝我的燕麦粥。但你为什么要给我带只公鸡呢?

儿子:它会叫醒你。当被告演说时,假如你睡着了,它会在你头顶啼叫。你越早坐下,我就越早提起诉讼。

父亲:开始吧。我已经坐下很久了。

儿子:我来看看。我可以先介绍什么案件呢?这座房子里有什么不法行为发生吗?刚才厨子烧掉了一个锅。

父亲:停下。你差点毁了我。你打算在没有栅栏的情况下提起一个诉讼吗?那可是法庭的最神圣的设备之一。

儿子:天哪,它不在这里!但是,我会跑进去抓住什么算什么。

索西亚斯（里面的奴隶）：诅咒。像这样养狗的想法。

父亲：发生什么了？

索西亚斯（出来）：什么？那只狗恺撒不是刚刚溜进食品储存室，嗅到西西里奶酪，咬住它跑了吗？

儿子：啊，这就是我要在我父亲面前提起的第一起犯罪。（对索西亚斯说）你作为控告人出庭。

索西亚斯：天呐，我不行！另一只狗说假如有人提供信息的话它愿意。

儿子：去把它们都带过来。

索西亚斯：这就去做。 267

父亲：快点提出你的诉讼。我已经摆好处罚[8]的表情了。

儿子：好吧，我来看看诉讼事件表和诉状。

父亲：天哪，你怎么这么慢啊！你的拖延会使我厌倦到死。我一直在等着开始在我的地界上犁沟呢。[9]

儿子：我们准备好了。

父亲：传双方当事人上庭。

儿子：他们都到齐了。谁先？

父亲（走进屋内）：真该死，好烦人啊！我忘了拿投票瓮了。

儿子：嘿，你现在要去哪儿？

父亲：取投票瓮。

儿子：别担心。我有这些碗。

---

〔8〕 他看起来就像一个要科处罚金的人。

〔9〕 当控辩双方提出替代性刑罚时，陪审员用自己的拇指指甲在蜡板上划出一条或长或短的线条以示自己的偏重。

父亲：正是这些东西。除了水钟，我们所需要的东西都备齐了。

儿子（指着夜壶）：那这是什么？这不就是一个水钟吗？

父亲：干得漂亮，很有阿提卡特色。

儿子：让人赶快生火，把香桃木和乳香拿来，这样我们就可以开始祈祷了。首先保持虔诚的静默。“哦主啊，我的主人，我的邻居和临街大门的守护神，阿波罗，请接受，哦国王，我们为自己父亲举行这些仪式。改变他的这种过于严肃和固执的情绪。在他的坏脾气中添加一点蜂蜜。愿他对所有人都友好，同情被告而不是原告，当他们乞求怜悯时为他们哭泣。愿他放弃自己乖僻的天性，拔出自己的愤怒！”假如门口有什么陪审法官，就让他进去。一旦他们开始演说，我们就谁也不让进了。

父亲：这里谁是被告？他将怎么做这件事！

268 儿子：请听起诉状。“一只西达通（Cydathon）[10]野狗指控艾克松的恺撒作恶，因为它独吞了西西里奶酪。建议刑罚：一箍无花果木。”

父亲：不，一只狗一旦被定罪就会死。

儿子：站在这里的就是被告恺撒。

父亲：哦，孽畜！它生就一副贼相。它咧着嘴笑还想骗过我。西达通野狗在哪里？

狗：汪汪。

儿子：它在这里。

---

〔10〕 阿提卡市区或镇区。

父亲：这是另一只恺撒。

儿子：是的，善于吠叫和舔浅盘。肃静。坐下。（对代表控告的狗的索西亚斯）你上前一步，支持你的指控。

父亲：与此同时，我倒点燕麦粥喝。

索西亚斯：陪审团的先生们，你们已经听到了我对被告提出的起诉状。它对待我和水手的方式最为丑恶。因为它溜进角落吃了许多奶酪，偷偷填饱了自己的肚子。

父亲：天哪，毫无疑问！刚才这个恶棍的呼吸中都散发着一股最为恶劣的奶酪味。

索西亚斯：虽然我向它提出了请求，它却没有与我分享。可是，假如这只狗没有把某件东西扔给我，谁能帮你一个忙呢？[11]

父亲：虽然我代表城邦，它也没有跟我分享什么东西。

儿子：指天为誓，父亲，在听取双方的意见之前，不要预先判断案件。

父亲：为什么呢，先生，案情昭然若揭；它大叫了。

索西亚斯：不要让它下去。它是到目前为止所有狗中最爱吃独食的野狗。一定要惩罚它，一处灌木丛容不下两个贼。不要让我白叫了，否则我以后永远不叫了。

父亲：啊哈！他被指控了那些恶行。偷同伴的东西。 269
难道你不这么认为吗，公鸡先生？天哪，它点点头表示同意！地方行政官在哪里，让他把夜壶递给我吧。

儿子：你自己去拿吧。我准备传唤证人。走上前来，恺撒的证人。杵、奶酪面包机、炉子和所有被弄脏的餐具。

---

〔11〕 克勒翁，煽动家，喜欢称自己是“城邦的看门狗”。

(对他父亲说)你还在用夜壶吗?你就不能坐下来吗?

爸爸:我今天要让这个家伙出点血。

儿子:你能不能戒掉你的严厉和坏脾气,尤其是对被告,能不要草率地做出判断吗?(对被告)站起来,为你自己辩护。你为什么沉默?说话啊。

父亲:他似乎没有什么可说的。

儿子:不是。它目前的困境同修昔底德受审时曾面临的困境一样。他突然牙关紧闭。给我让条路,我来为他辩护。为一只已经被赋予了坏名声的狗辩护将是一项艰巨的任务。然而,我会试试。它是一只好狗,能赶走那些狼。

父亲:不,它更像是个小偷和反叛者。

儿子:绝不是。它是世界上最好的狗,能够照顾任何数量的羊。

父亲:假如它吞食奶酪,那又有什么用呢?

儿子:有用,它为你战斗,守门,在各个方面都是最优秀的。倘若它偷了东西,请原谅它。善良的先生,请听证人的话。(对证人)奶酪面包机,[12]站在证人席上,大声说出来。你是负责粮食供应的。现在坦白回答。你没有碾碎过你为士兵获得的东西吗?(证人点头同意)

父亲:我发誓他在撒谎。

儿子:哦,先生,可怜可怜那些不幸的人吧。恺撒在这里啃骨头,吃杂七杂八的东西,总是到处跑。另一只狗只是一只看门狗;它就待在这里,当任何人带来任何东西时,它都会要求分一份。如果遭到拒绝它就咬人。

---

〔12〕 奶酪面包机代表西西里远征的发薪人员。

父亲：真该死，我是怎么了？我变宽容了。出状况了。我正在接受你的抗辩。

儿子：父亲，可怜可怜它吧；不要毁了它。那些幼崽在哪里？站起来，你们这些可怜虫，哀叫和乞求吧，恳求和哭泣吧。

父亲：坐下来，坐下来，坐下来，坐下来！

儿子：我会坐下的，可是那个“坐下来”[13]已经欺骗了很多人。

父亲：该死，愿天降祸于它！这一口不是一件好事。现在除了因为我满肚子都是燕麦粥之外，没有任何别的理由哭诉我的判决。

儿子：那么难道不应判他无罪吗？

父亲：这一点很难说。

儿子：来吧，亲爱的爸爸，改变你的方式。拿着这张选票，闭上眼睛，冲向更远的瓮，宣告它无罪。

父亲：当然不是。

儿子：来吧，让我带你走一条最短的路。

父亲：这是较近的瓮吗？

儿子：正是。

父亲：就在这里吧（投出了他的选票）。

儿子（旁白）：他被愚弄了，在不知情的情况下宣告了它无罪。（大声说）我要数一数。

父亲：斗争进展怎么样？

儿子：结果马上出来。哦，恺撒，你被判无罪了。父

---

〔13〕 当陪审员对一个抗辩满意时他们就会大叫“坐下来！”。

亲,父亲,这是怎么回事? 水,哪里才有水呢? 振作起来。

父亲:现在请告诉我。它真的被判无罪了吗?

儿子:它确实被判无罪了。

父亲:那我就完蛋了。

儿子:别担心。站起来。

父亲:我怎么能原谅自己放过一个被告呢? 愿诸神原谅我。我是不知不觉这么做的,这违背了我的习惯。

附　录

年　表

公元前900—前800年,荷马时代。

公元前800—前700年,贵族阶层崛起。

公元前700—(?)年,希罗多德。

公元前650—前600年,立法者时代。

公元前621年,德拉古立法。

公元前594—前593年,梭伦立法。

公元前560—前510年,佩西司特拉提达伊暴政。

公元前508—前507年,克里斯提尼改革。

公元前490—前479年,波斯战争。

公元前478年,德洛斯联盟;雅典的霸权。

公元前462—前461年,战神山议事会被厄菲阿尔特剥夺了主要的政治和司法权。

公元前453—前452年,设立三十司法区。

公元前 451—前 450 年，伯里克利进一步限制了战神山议事会的权力。

公元前 446—前 445 年，三十年和平条约。

公元前 431—前 404 年，伯罗奔尼撒战争；斯巴达从雅典手中夺取了霸权。

公元前 425 年，克勒翁增加陪审员工资。

公元前 415 年，赫尔默斯雕像被毁损和神秘仪式遭亵渎。

公元前 411 年，四百人革命；安提丰审判。

公元前 410 年，民主制复辟。

公元前 406 年，阿尔吉努萨战役；十将军审判。

公元前 404—前 403 年，三十僭主；“四十”和公共仲裁员取代三十司法区。

公元前 399 年，苏格拉底审判。

公元前 387—前 377 年，第二雅典联盟；书面证据取代口头证据。

公元前 371 年，留克特拉战役；忒拜的霸权。

公元前 362 年，曼提尼亚战役；忒拜丧失霸权。

公元前 346 年，菲洛克拉底和平；腓力二世在希腊的指挥地位得到了承认。

公元前 338 年，喀罗尼亚战役；腓力二世主宰希腊。

公元前 336 年，腓力二世遭刺杀。

公元前 334 年，亚历山大大帝向波斯开战。

公元前 324 年，亚历山大的司库哈尔帕卢斯逃至雅典。

公元前 323 年，亚历山大去世；希腊起义失败。

公元前 322 年，安提帕特迫使雅典建立一个温和寡头宪制；德摩斯梯尼去世。

阿提卡货币单位表

6 奥波尔……1 德拉克马
100 德拉克马……1 米纳
60 米纳……1 塔伦特

有人提出了关于 1 阿提卡塔伦特在现代货币上价值的各种不同的估价。它的价格被认为低至 1000 美元,高至 1200 美元。这些估值是根据阿提卡硬币的银含量做出的。由于银价的波动,阿提卡硬币的现代等价物自然会发生变化。假设 1 塔伦特值 1080 美元,那么我们可以得出以下等式:1 奥波尔等于 3 美分;1 德拉克马等于 18 美分;1 米纳等于 18 美元。当然这些等价物并没有体现出白银在古代的更高的购买力。

索　引

（页码为书中边码）

译后记

这是一部让译者受益匪浅的作品。作者罗伯特·伯纳是美国著名古典学家和教育家保罗·肖雷(Paul Shorey,1857—1934)的得意门生。肖雷曾在芝加哥大学等机构任教,以其古希腊文化和文学的研究闻名,精于对柏拉图和亚里士多德的研究,他的许多作品对理解和普及古希腊文化都有重大影响。伯纳师承有自,同样致力于古希腊研究,同样为此放弃了成为一名执业律师的机会。但与他的老师不同的是,他虽然放弃了法律实务却并未放弃法律研究。他在获得芝加哥大学博士学位后追随自己的导师留校任教,最后接替导师担任系主任之职,终其一生的学术生涯几乎都在芝加哥大学度过。

伯纳主要致力于古希腊的法律和司法研究,写作和出版的大量作品都与此有关。这些作品包括但不限于《雅典法庭的证据》《柏拉图〈申辩篇〉的法律环境》《荷马时代的司法》《雅典寡头政制下的司法》等名篇佳作，以及《从荷马到亚里士多德时代的司法》《雅典民主制的面向》《法律职业的起源》等兼具史料和史论意义的开拓性著作。除了这些研究工作之外，伯纳还是一位坚信并倡导教授应为学生开设基础课程的老师。他身体力行且成就斐然，培养出了一大批卓越的学生，例如乔治·卡尔霍恩（George M. Calhoun）、威廉·弗格森（W. D. Ferguson）、赫伯特·罗伯逊（H. G. Robertson）、约翰·奥斯卡·洛夫伯格（John Oscar Lofberg）和格特鲁德·史密斯（Gertrude Smith）等人，他们与自己的导师一起构成了享誉国际的"伯纳古希腊法学派"。

阅读《法律职业的起源：古代雅典的律师和诉讼当事人》这本书令人印象深刻的是它"简约而不简单，古老却不古板"。整部著作连贯而又全面地展示了公元前 5 世纪到公元前 4 世纪雅典的法律情况：不仅为我们介绍了雅典演说家的生平及其对法律实践的贡献，还讨论了雅典司法机构及其运作方式；不仅阐明了诉讼的发动和诬告盛行的原因，还指出了雅典司法体系与今日有何不同；不仅追溯了当时法庭辩论的特点和诉讼技术，还凸显了雅典人好讼的特性；不仅生动地描绘了辩护人、职业演说家与其客户之间的关系，还考察了一些著名的审判案例。整个叙述张弛有度、言简意赅。虽然作者是古希腊语教师和古典学家，但他在使用专业的希腊术语上却十分克制，并刻意减少了冗长的脚注和对参考文献的使用。因此，尽管这本书指向一个严谨的学术主题，却在他清晰的笔下变成了一部通俗易懂的作品。举凡希望深入了解雅典公共生活法律面向的人士和对自己职业的历史感兴趣的律师或法律人，都会从中获得相应的启发和收获。雅典人的生活给了现代人很大想象的空间,须知这些想象有的可以佐证,而有的却仅仅是想象。

译者曾在学校连续三年为学生领读并讲解柏拉图的《申辩篇》,而本书恰恰可以提供一份翔实的背景材料,帮助我们理解那场刻骨铭心的审判及其遗产。除了这些内容上的参照意义,本书的语言规范雅致、精准而富有节凑,会让译者在翻译过程中不时回想起若干年前跟随靳希平老师学习古希腊语的美妙场景。虽受限于天赋和悟性没有学好,但仍要感谢所有助我提高的老师们。最后,特别感谢推荐我来翻译此书的陈锐教授和负责本书出版工作的韩满春编辑及其他编校人员。若译文有失准之处,请读者和同行批评指正。

杨天江

于图卢兹

2024 年 5 月 14 日